SUOMEN KIELEN ALKEISOPPIKIRJA

ISBN 978-951-792-034-6

Copyright	© Anna-Liisa Lepäsmaa
	© Leena Silfverberg
	© Oy Finn Lectura Ab
Kansi ja kuvat	Jani Prunnila
Paino	Hakapaino Oy, Helsinki 2007
Kustantaja	Oy Finn Lectura Ab
	Rautatieläisenkatu 6
	00520 HELSINKI
	puhelin: 020 7489 485
	faksi: (09) 1464 370
	Tilaukset ja palautteet sähköpostiosoitteeseen:
	asiakaspalvelu@finnlectura.fi
	Koko tuotantomme verkossa!
	www.finnlectura.fi

10., korjattu painos
Ensimmäinen painos vuonna 1987

Tämä teos on oppikirja. Teos on suojattu tekijänoikeuslailla (404/61).
Teoksen valokopioiminen on kielletty ellei valokopiointiin ole hankittu lupaa.
Tarkista onko oppilaitoksellanne voimassaoleva valokopiointilupa.
Lisätietoja luvista ja niiden sisällöstä antaa Kopiosto ry www.kopiosto.fi.
Teoksen tai sen osan digitaalinen kopioiminen tai muuntelu on ehdottomasti kielletty.

Anna-Liisa Lepäsmaa   Leena Silfverberg

SUOMEN KIELEN ALKEISOPPIKIRJA

FINN LECTURA

Lukijalle

Tämä oppikirja on täysin uudistettu painos Anna-Liisa Lepäsmaan ja Leena Silfverbergin Suomen kielen alkeisoppikirjasta. Kirja on rakenteeltaan periaatteessa samanlainen kuin aikaisemmat painokset. Tähän uudistettuun painokseen on ajanmukaistettu sanastoa, lisätty päivittäisessä viestinnässä tarvittavia idiomeja ja yhdistetty joitakin kielellisiä rakenteita kokonaiskuvan muodostamiseksi.

Kirjan alussa esitellään käytetyt merkit, merkinnät ja lyhenteet, suomen kielen äänteet ja aakkoset.

Kussakin kappaleessa on runsaasti dialogeja sekä ainakin yksi lukuteksti. Dialogien ja tekstien aiheet on valittu kielenkäyttäjän kommunikointitarpeita silmällä pitäen rikkomatta kuitenkaan suomen kielen rakenteen johdonmukaisuutta. Jotta kielenoppija voisi hahmottaa myös kielellisiä kokonaisuuksia, on tässä painoksessa yhdistetty samaan kappaleeseen joitakin kielioppiseikkoja, jotka aiemmissa painoksissa esiteltiin omissa kappaleissaan. Se ei kuitenkaan estä opettajaa ja opiskelijaa käsittelemästä näitä kielen osia itsenäisinä osina erikseen. Kappaleet on rakennettu niin, että ne voi jakaa pienempiin oppimisjaksoihin. Suositeltavaa onkin, että ensin käytetään muutamia tunteja kappaleen perusasioiden hallintaan asteittain edeten ja kerrataan sitten kokonaisuus analysoimalla ja harjoittelemalla opittuja kielen aineksia.

Tekstissä ja dialogeissa esiintyviä sanoja ja sanontoja on selitetty runsaasti kunkin kappaleen lopussa olevissa huomautuksissa. Huomautukset on numeroitu. Kappaleiden lopusta löytyy lisäksi eri aiheisiin liittyvää fraseologiaa ja hyödyllisiä kysymyksiä. Huomautusten jälkeen esitellään uudet sanatyypit taivutuksineen, kuvataan sananmuodostusta, kommentoidaan lauserakenteita sekä annetaan tärkeimpien verbien rektio.

Kirjan lopusta löytyy asiahakemisto, tavallisimpien erisnimien luettelo, kappalekohtainen sanasto ja aakkosellinen sanasto. Kirjaan liittyy harjoituskirja ja äänite.

Monet henkilöt ovat tukeneet minua tämän kirjan valmistusvaiheessa. Erityisesti haluan kiittää Maarit Bergiä ja Sirkka Ojaniemeä, jotka aikaansa säästämättä lukivat käsikirjoitusta antaen yksityiskohtaisia huomautuksia kirjallisesti. Kiitän myös Anu Silfverbergiä, joka on auttanut minua monella tavalla kirjoitus- ja oikolukuvaiheessa sekä toiminut eräänlaisena arkisanontojen testihenkilönä. Lisäksi kiitän EU-tulkkiryhmää, joka opiskeli suomen alkeita opetusministeriön rahoittamalla kurssilla Helsingissä vuonna 1997. Kurssin osanottajat antoivat kirjan sisällöstä ja rakenteesta monia hyödyllisiä kommentteja.

Helsingissä 14. tammikuuta 1998
Leena Silfverberg

8. painokseen on markat muunnettu euroiksi.

Helsingissä 30. heinäkuuta 2001
Leena Silfverberg

10. painokseen on tehty joitain pieniä muutoksia teksteihin ja dialogeihin lisäämällä tietotekniikka- ja puhelinsanastoa ja ajanmukaistamalla muutenkin hieman ilmauksia.

Helsingissä 30. huhtikuuta 2007
Leena Silfverberg

Sisällysluettelo

Lukijalle 5
Sisällysluettelo 6
Käytetyt merkit, merkinnät ja lyhenteet 9
Suomen kielen äänteet 10
Aakkoset 12
Kappale 1 13

    Persoonapronominit, persoonapäätteet, infinitiivi, kysymyspääte, partitiivi, vokaaliharmonia
    Lukusanat
    Kaisa Nieminen
    Tervehdys ja toivotus
    Lauseoppia: kysymyslause

Kappale 2 25

    Negatiivinen verbi, negatiivinen kysymys, verbityypit, persoonapronominien partitiivi
    Kellonaika, vuorokaudenaika
    Kaisa on sihteeri
    Tiedustelu ja kysymys
    Lauseoppia: sääilmauksia

Kappale 3 39

    Paikansijat, illatiivi, inessiivi, elatiivi, allatiivi, adessiivi, ablatiivi, nominin vartalo, verbit *nähdä* ja *tehdä*
    Viikonpäivät, milloin, kulkuväline, maat ja pääkaupungit, maanosat
    Kaisa asuu Rauhankadulla
    Sanatyypit: *bussi, suuri, suomi, kirje, suomalainen*
    Lauseoppia: subjektiton lause, sanajärjestys

Kappale 4 51

    Ainesana, kappalesana (konkreettinen), demonstratiivipronominien sijataivutus, astevaihtelu, persoonapronominien sijataivutus, monikon nominatiivi
    Vuodenaika
    Kaisa ja Sabina lähtevät Lappiin.
    Minä asun Vironkadulla
    Tien kysyminen
    Sanatyypit: *lounas, uusi, vasen*
    Lauseoppia: yleistävä (geneerinen) lause, sanajärjestys

Kappale 5 68

Objekti, akkusatiivi, demonstratiivipronominien akkusatiivi, objektin sijat, persoonapronominien akkusatiivi, lukusanojen taivutus
Mitä teen?
Ravintolassa ja kahvilassa
Sanatyypit: *puhelin, kokous, vaate*
Sananmuodostusta: verbaalisubstantiivi **minen**

Kappale 6 82

Genetiivi, persoona-, demonstratiivi- ja kysymyspronominien genetiivi, kysymyspronomini *kuka*, relatiivipronomini *joka*, omistusstruktuuri, **lle** ja **lta/ltä** ihmisestä puhuttaessa
Rahojen nimet, vuodenajat, kuukaudet, ilmansuunnat
Helsingin keskusta
Tavallinen suomalainen mies
Vuodenajat Suomessa
Terveys
Sanatyypit: *kaunis, rikas, lyhyt, lapsi, mies, kevät lumi*
Lauseoppia: sääilmauksia, puhekielen sanajärjestystä

Kappale 7 101

Kolmas III infinitiivi **maan/mään, massa/mässä, masta/mästä**, nesessiivilauseet
Järjestysluvut, päiväys
Kaisa käy kurssilla
Tiedustelemme
Sanatyypit: *käännös*, verbityypit 3 ja 4 astevaihtelussa
Lauseoppia: yleistävä nesessiivilause

Kappale 8 115

Positiivinen imperfekti
Kaisan italialainen poikaystävä
Suomen historian tärkeät vuodet
Sanatyypit: *kansi*

Kappale 9 127

Negatiivinen imperfekti, pronominit *ei kukaan* ja *jokin*, perfekti, pluskvamperfekti, possessiivisuffiksi
Timo Karjalainen ihastuu Kaisaan.
Kerron elämästäni.
Sanatyypit: *kirjallisuus, keitin*
Aikamuotojen käyttö

Kappale 10 143

Konditionaali
Mitä mieluiten tekisin?
Sanatyypit: *lämmin, maksu**ton***
Sananmuodostusta: ***ton/tön-*** ja ***llinen-***adjektiivit

Kappale 11 156

Passiivin preesens, indefiniittinen pronomini *joku*
Lyhenteitä
Suomalaiset juhlapyhät
Toivotuksia
Resepti Pasha
Lauseoppia: Passiivilauseen ja yleistävän lauseen ero

Kappale 12 172

Passiivin imperfekti, astevaihtelu ***uku:uvu, yky:yvy***
Helsingin historiaa

Kappale 13 177

Negatiivinen passiivin imperfekti, passiivin perfekti ja pluskvamperfekti
Matkan suunnittelua
Suomen kieli
Sanatyypit: *onnistu**nut**, velj**es***
Sananmuodostusta: ***uus/yys***-substantiivit

Kappale 14 186

Monikko, demonstratiivipronominit, kysymyspronomini *kuka*, relatiivipronomini *joka*
Suomalaisten kesäviikonloppu
Tietoja Suomesta
Lauseoppia: objekti, predikatiivi, subjekti eksistentiaalilauseessa

Kappale 15 202

Imperatiivi, astevaihtelu ***lke:lje, rke:rje*** ja ***mp:mm***, pronomini *ei mikään*
Erilaisia tapoja käskeä ja pyytää
Resepti Tee vappusimaa!

Asiahakemisto 217

Henkilönimien luettelo 219

Kappaleiden sanasto 221

Aakkosellinen sanasto 240

Käytetyt merkit, merkinnät ja lyhenteet

=	on yhtä kuin
+	plus-merkki osoittaa vartalon ja päätteiden liittymäkohtaa, esim. minä-persoonan vartalo + *ttiin*
...	kolme pistettä osoittaa, että lause jää kesken
'xx'	sanan merkitys osoitetaan puolilainausmerkeissä, esim. *hissi* englanniksi 'lift'
/	kauttaviiva erottaa päätevariantteja (*ssa/ssä*) tai osoittaa vaihtoehtoa (*heidän kanssansa / heidän kanssaan*)
→	nuoli osoittaa muutoksen suuntaa
xx	kursivointi osoittaa kielenainekset juoksevassa tekstissä, esim. *maa*-sana *l*-sijassa
xx	lihavoinnilla on merkitty päätteitä (*missä maassa*) ja keskeisiä sanassa tapahtuvia äännevaihteluja (*li**pp**u : li**p**ut*)
e̲	alleviivauksella korostetaan epätavallista äännettä tai äännevaihtelua (*tied**ä̲**-* → *tied**e̲**tään*)
:	kaksoispiste osoittaa vaihtelua, esim. astevaihtelua *pp : p*
K	mikä tahansa konsonantti
V	mikä tahansa vokaali
VV	mitkä tahansa kaksi vokaalia
Abl.	ablatiivi
Ad.	adessiivi
Akk.	akkusatiivi
All.	allatiivi
El.	elatiivi
esim.	esimerkiksi
G	genetiivi
Huom!	Huomaa!
Ill.	illatiivi
imperf.	imperfekti
In.	inessiivi
jne.	ja niin edelleen
kond.	konditionaali
kpl	kappale
mon.	monikko
N	nominatiivi
obj.	objekti
P	partitiivi
pääte	päätteellä tarkoitetaan tässä oppikirjassa sekä tunnuksia (esim. mon. *i*, imperf. *i*, kond. *isi*), liitepartikkeleita (esim. *ko/kö, han/hän, kin,kaan/kään*) että varsinaisia päätteitä (esim. *ssa/ssä, tte, mme*)
vrt.	Vertaa
yks.	yksikkö

Suomen kielen äänteet

Vokaalit

Lyhyet		**Pitkät**	
a	sana	aa	aamu
o	ovi	oo	miljoona
u	uni	uu	uuni
ä	älä	ää	ääni
ö	näkö	öö	insinööri
y	hyvä	yy	tyyni
i	kivi	ii	viini
e	en	ee	tee

Huom! merkitysero:

a	kasi	ä	käsi
o	luoda	ö	lyödä
u	puu	y	pyy

Diftongit

ai	aina	au	kaunis
ei	eilen	eu	seura
oi	koivu	ou	koulu
ui	uida	iu	viulu
äi	äiti	äy	käydä
öi	öinä	öy	köyhä
yi	syitä		
	ie	kieli	
	uo	tuo	
	yö	työ	

Konsonantit

Lyhyet		**Lyhyet**		**Pitkät**	
(b)		k	kuka	kk	kukka
(c)		l	kala	ll	kalla
d	kadulla	m	oma	mm	hammas
(f)		n	sana	nn	Sanna
(g)		p	apu	pp	mappi
h	hyvä	r	suru	rr	surra
j	ja	s	pesu	ss	pussi
(q)		t	katu	tt	tyttö
v	viiva				
(x)					
(z)					

Huom!

nk [ŋk]   ng [ŋŋ]
sänky   sängyllä

Aakkoset

a	aa	q	kuu
b	bee	r	är
c	see	s	äs
d	dee	t	tee
e	ee	u	uu
f	äf	v	vee
g	gee	w	kaksois-vee
h	hoo	x	äks
i	ii	y	yy
j	jii	z	tseta
k	koo	å	ruotsalainen oo
l	äl	ä	ää
m	äm	ö	öö
n	än		
o	oo		
p	pee		

Kappale 1

- Hei, minä olen Kaisa.
- Minä olen Mathias.

Persoonapronominit

minä		me	
sinä		te	
hän		he	
Ihminen:		**Asia, eläin, esine:**	
hän	er/sie	se	es *Sgl.*
he	sie	ne	sie *Pl.*
	Menschen		Tiere, Dinge

Sgl. / Pl.

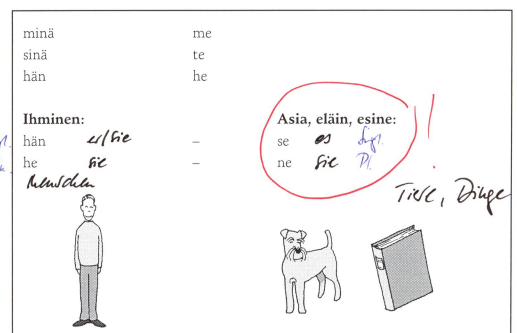

Persoonapäätteet

n	puhu**n**	**mme**	puhu**mme**
t	puhu**t**	**tte**	puhu**tte**
V	puhu**u**	**vat/vät**	puhu**vat**

(V = vokaali)

Infinitiivi:

puhua, kysyä, sanoa, istua, etsiä, olla

Infinitiivi on verbin perusmuoto, joka esiintyy sanakirjoissa verbin hakusanana. Siksi sitä voi kutsua myös sanakirjamuodoksi.

Verbin taivutus

a/ä	*sprechen* puhua ↓	*fragen* kysyä ↓		
	puhun	kysyn		
	puhut	kysyt		
	hän puhuu	hän kysyy		
	puhumme	kysymme		
	puhutte	kysytte		
	he puhuvat	he kysyvät		
	sanoa *sagen* ↓	istua *sitzen* ↓	etsiä *finden* ↓	
	sanon	istun	etsin	
	sanot	istut	etsit	
	hän sanoo	hän istuu	hän etsii	
	sanomme	istumme	etsimme	
	sanotte	istutte	etsitte	
	he sanovat	he istuvat	he etsivät	

Huom!

olla
olen   olemme
olet   olette
hän on   he ovat

HEI!

– Hei, minä olen Kaisa. Olen suomalainen. Kuka sinä olet?
– Minä olen Mathias. Olen saksalainen.

– Kuka tuo tyttö on?
– Hän on Li. Hän on kiinalainen.

MITÄ KIELTÄ[1] SINÄ PUHUT?

– Minä puhun suomea. Mitä kieltä sinä puhut?
– Minä puhun arabiaa. Mitä kieltä Tanja puhuu?
– Hän puhuu venäjää.

– Minä puhun suomea, englantia, ruotsia ja venäjää. Kuinka monta kieltä sinä puhut?
– Minä puhun saksaa ja englantia.
– Me puhumme suomea. Mitä kieltä te puhutte?
– Me puhumme englantia. Mitä kieltä Atsuko ja Keiko puhuvat?
– He puhuvat japania.

MINKÄMAALAINEN SINÄ OLET?

– Minä olen suomalainen. Minkämaalainen sinä olet?
– Minä olen liettualainen. Minkämaalainen Tanja on?
– Hän on venäläinen.

MISSÄ TE ISTUTTE?

– Missä te istutte?
– Me istumme täällä.
– Missä Atsuko ja Keiko istuvat?
– Hekin[2] istuvat täällä.

Kysymyspääte

ko/kö?		
	puhun**ko**?	kysyn**kö**?
	puhut**ko**?	kysyt**kö**?
	puhuu**ko** hän?	kysyy**kö** hän?
	puhumme**ko**?	kysymme**kö**?
	puhutte**ko**?	kysytte**kö**?
	puhuvat**ko** he?	kysyvät**kö** he?
	olen**ko**?	etsin**kö**?
	olet**ko**?	etsit**kö**?
	on**ko** hän?	etsii**kö** hän?
	olemme**ko**?	etsimme**kö**?
	olette**ko**?	etsitte**kö**?
	ovat**ko** he?	etsivät**kö** he?

PUHUTKO SINÄ SUOMEA?

– Puhutko sinä suomea?
– Puhun vähän. Puhutko sinä ruotsia?
– Puhun, mutta huonosti³. Puhutko sinä ruotsia hyvin³?
– Puhun. Minä olen ruotsalainen.
– Ai, sitten sinä tietysti puhut hyvin ruotsia. Puhuuko Larskin² ruotsia?
– Kyllä. Hänkin² on ruotsalainen.

– Puhutteko te hyvin suomea?
– Ei. Me puhumme vielä huonosti suomea.
– Puhuvatko Lin ja Atsuko suomea?
– Kyllä. He puhuvat jo vähän suomea.

– Mitä kieltä sinä puhut?
– Minä puhun englantia.
– Mitä muuta kieltä sinä puhut?
– Puhun myös vähän ranskaa.

MITÄ? Was? etwas

- Mitä? Kysytkö jotakin? Mitä sinä kysyt? 2 P. sng.
- Minkämaalainen Katja on?
- Hän on suomalainen.
- Puhuuko hän ruotsia?
- Puhuu.

Partitiivi

a/ä	ta/tä	tta/ttä
V+a/ä	VV+ta/tä	e+tta/ttä
	K+ta/tä	
	(VV = 2 vokaalia, K = konsonantti)	
kassia	teetä	huonetta
kirjaa	radiota	hametta
kelloa	museota	osoitetta
kynää	televisiota	konetta
hölmöä	maata	virhettä
katua	suuta	kirjettä
hyllyä	tietä	ainetta
asuntoa	päätä	
kahvia	yötä	
	puhelinta	
	avainta	
	kirjainta	
	vastausta	
	kysymystä	
	miestä	
	herätystä	

Vokaaliharmonia

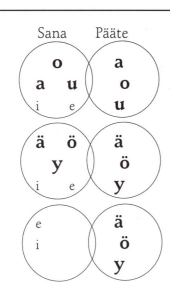

Vartalo		Pääte
a, o, u (+ i, e)	+	vat, ko, a, ta, tta
ä, ö, y (+ i, e)	+	vät, kö, ä, tä, ttä
i, e	+	vät, kö, ä, tä, ttä

Yhdyssanassa viimeinen sana määrää päätevokaalin:

kirja**a** – hylly**ä** → kirjahylly**ä**

herätys**tä** – kello**a** → herätyskello**a**

Lukusanat

0 nolla
1 yksi
2 kaksi
3 kolme
4 neljä
5 viisi
6 kuusi
7 seitsemän *wie zeit...*
8 kahdeksan
9 yhdeksän
10 kymmenen

11 yksi<u>toista</u>
12 kaksi<u>toista</u>
13 kolmetoista
14 neljätoista
15 viisitoista
16 kuusitoista
17 seitsemäntoista
18 kahdeksantoista
19 yhdeksäntoista
20 kaksi<u>kymmentä</u>

10 kymmenen
20 kaksikymmentä
30 kolmekymmentä
40 neljäkymmentä
50 viisikymmentä
60 kuusikymmentä
70 seitsemänkymmentä
80 kahdeksankymmentä
90 yhdeksänkymmentä
100 sata

100 sata
200 kaksisataa
300 kolmesataa
400 neljäsataa
500 viisisataa
600 kuusisataa
700 seitsemänsataa
800 kahdeksansataa
900 yhdeksänsataa
1000 tuhat

21 kaksikymmentäyksi
22 kaksikymmentäkaksi
23 kaksikymmentäkolme
24 kaksikymmentäneljä
25 kaksikymmentäviisi
26 kaksikymmentäkuusi
27 kaksikymmentäseitsemän
28 kaksikymmentäkahdeksan
29 kaksikymmentäyhdeksän
30 kolmekymmentä
31 kolmekymmentäyksi
jne. (= ja niin edelleen)

10 kymmenen
100 sata
1 000 tuhat
1 000 000 miljoona
1 000 000 000 miljardi

4 826 953 neljämiljoonaa kahdeksansataakaksikymmentäkuusituhatta yhdeksänsataaviisikymmentäkolme

Zahlwort

Numero + partitiivi

2 (kaksi) kassi**a**
4 (neljä) kirja**a**
3 (kolme) kello**a**
6 (kuusi) kynä**ä**
2 (kaksi) tie**tä**
5 (viisi) maa**ta**
7 (seitsemän) mies**tä**
10 (kymmenen) kysymys**tä**
8 (kahdeksan) kirje**ttä**
2 (kaksi) osoite**tta**

monta + P *hengen* monta virhe**ttä**
pari + P pari hölmö**ä**
wenig vähän + P vähän pesuaine**tta**
paljon + P paljon kahvi**a**

MITÄ TÄMÄ MAKSAA?

– Anteeksi, mikä tämä on? → *Entsch. was ist das? in der Hand habend*
– Se on kalenteri. → *Es ist Kalender*
– Mitä se maksaa? *Was kostet das*
– Se maksaa 20 euroa 10 senttiä.

– Mitä tämä maksaa?
– Se maksaa 4 euroa 10 senttiä.

– Päivää. Mitä tuo sanakirja maksaa? → *worauf man zB. zeigt nicht berührend*
– Päivää. Se maksaa 50 euroa 40 senttiä.

MITÄ SINÄ ETSIT?

– Mitä sinä etsit?
– Etsin kahvia ja sokeria.
– Ne ovat täällä. *hier*

– Mitä te etsitte?
– Etsimme kopiokonetta.
– Se on täällä.

* * *

– Missä tietokone ja tulostin ovat?
– Ne ovat täällä.

* * *

KUINKA MONTA?

– Kuinka monta huonetta täällä on?
– Täällä on 4 huonetta.
– Kuinka monta kerrosta täällä on?
– Täällä on 5 kerrosta.
– Kuinka monta pöytää täällä on?
– Täällä on 2 pöytää.
– Kuinka monta tuolia täällä on?
– Täällä on 22 tuolia.

* * *

Minkämaalainen?	Mitä kieltä? **Huom!** puhua + P	Mikä kieli?
Hän on suomalainen.	Hän puhuu suome**a**.	suomi
Hän on ruotsalainen.	Hän puhuu ruotsi**a**.	ruotsi
Hän on tanskalainen.	Hän puhuu tanska**a**.	tanska
Hän on norjalainen.	Hän puhuu norja**a**.	norja
Hän on islantilainen.	Hän puhuu islanti**a**.	islanti
Hän on englantilainen.	Hän puhuu englanti**a**.	englanti
Hän on chileläinen.	Hän puhuu espanja**a**.	espanja
Hän on saksalainen.	Hän puhuu saksa**a**.	saksa
Hän on ranskalainen.	Hän puhuu ranska**a**.	ranska
Hän on italialainen.	Hän puhuu italia**a**.	italia
Hän on virolainen.	Hän puhuu viro**a**.	viro
Hän on latvialainen.	Hän puhuu latvia**a**.	latvia
Hän on liettualainen.	Hän puhuu liettua**a**.	liettua
Hän on venäläinen.	Hän puhuu venäjä**ä**.	venäjä
Hän on kiinalainen.	Hän puhuu kiina**a**	kiina
Hän on japanilainen.	Hän puhuu japani**a**.	japani
Hän on kanadalainen.	Hän puhuu englanti**a**.	englanti

Kaisa Nieminen

Kaisa Nieminen on suomalainen. Hän on sihteeri. Tämä on posti. Kaisa on työssä täällä. Kun Kaisa on työssä, hän puhuu paljon. Kaisa puhuu suomea, ruotsia ja englantia.

Tämä kaupunki on Helsinki. Helsinki on pieni, mutta mielenkiintoinen kaupunki. Täällä on monta vanhaa taloa, kolme isoa museota, neljä tavarataloa, neljä toria, kaksi rautatieasemaa, yksi bussiasema ja monta satamaa.

Keskustelua

MINKÄMAALAINEN?

– Hei. Minä olen Kaisa Nieminen. Olen suomalainen. Oletko sinä suomalainen?
– Ei, olen saksalainen. Jens Myller.
– Asutko sinä täällä?
– Kyllä asun.

– Minkämaalainen sinä olet?
– Minä olen liettualainen.
– Mitä kieltä sinä puhut? Puhutko sinä englantia?
– Minä puhun liettuaa, mutta kyllä minä puhun myös englantia.

KUKA PUHUU SUOMEA?

– Anteeksi, kuka täällä puhuu suomea?
– Minä puhun.
– Puhutteko myös ruotsia?
– Puhun.
– Kuka puhuu englantia?
– Tuo mies tuolla puhuu englantia.

ANTEEKSI!

- Anteeksi, oletteko Te työssä täällä?
- Olen.
- Puhutteko Te englantia?
- Puhun.

TERVEHDYS JA TOIVOTUS

- Hyvää huomenta. Anteeksi, että olen myöhässä.
- Huomenta huomenta. Ei se mitään.

- Päivää, Anneli Kaarto.
- Heikki Nieminen.
  Hauska tutustua. Tervetuloa.
- Kiitos.

- Hei.
- No, moi. Kiva nähdä.
- Nii-in pitkästä aikaa.

- Hyvää päivää.
- Päivää.

- Hyvää iltaa. Toivottavasti en ole myöhässä.
- Ette ollenkaan. Olette aivan ajoissa.

- Päivää. Mitä kuuluu?
- Kiitos hyvää. Entä sinulle (Teille)?
- Kiitos hyvää.

- Näkemiin ja hyvää jatkoa.
- Kiitos samoin ja näkemiin.

- Näkemiin ja tervetuloa taas.
- Näkemiin. Kiitos.

- No hei sitten. Nähdään[4].
- Hei hei.

- Hyvää yötä.
- Hyvää yötä.

Kysymyssanat

Kuka sinä olet? *(Wer)*
Mitä kieltä sinä puhut? *(Was für)*
Mitä kuuluu? *(Wie geht's)*
Entä sinulle? *(Und wie geht es dir?)*
Mikä tämä on? *(Was ist das hier)*
Mitä tämä maksaa? *(Was kostet das)*
Minkämaalainen sinä olet? *(Welcher Landsmann)*
Mitä sinä etsit? *(Was suchst du)*
Missä tulostin on? *(Wo ist Drucker?)*
Kuinka monta tuolia täällä on?
(Sena)

Huomautuksia

1) *Mitä kieltä*
Nominatiivi: *mikä kieli*
Partitiivi: *mitä kieltä*

2) kin = *myös* *auch*
— *Minä puhun saksaa.*
— *Minäkin puhun saksaa. Puhuuko Andreakin saksaa?*
— *Puhuu. Ja hän puhuu ruotsiakin.*

3) Adjektiivi ja adverbi
Millainen? → **Miten?**
hyvä   *hyvin*
huono   *huonosti*

4) Hyvästely puhekielessä
Nähdään tuttavallinen *'näkemiin'*.

Lauseoppia

Kysymyslauseessa kysyvä sana aloittaa aina lauseen.
Mitä kieltä hän puhuu?   Vrt.   *Hän puhuu suomea.*
*Puhut**ko** sinä englantia?*   *Minä puhun englantia.*

Mikä sija?

etsiä + P   Etsin kopiokone**tta**.
puhua + P   Mitä kiel**tä** sinä puhut?
                    Minä puhun suom**ea**, ruotsi**a** ja englant**ia**.
                    (Objektiendung)

Kappale 2

– Oletko sinä suomalainen?
– Ei, en ole. Olen ruotsalainen.

Negatiivinen verbi

e-

en	
et	
ei	+ verbin minä-persoonan vartalo
emme	
ette	
eivät	

Infinitiivi	Minä-persoona	Infinitiivi	Minä-persoona
olla	olen	puhua	puhun
	↓		↓
	Vartalo		**Vartalo**
	ole-		puhu-
	en ole		en puhu
	et ole		et puhu
	ei ole		ei puhu
	emme ole		emme puhu
	ette ole		ette puhu
	eivät ole		eivät puhu

etsiä	etsin	kysyä	kysyn
	↓		↓
	Vartalo (Stamm / Wor-)		**Vartalo**
	etsi-		kysy-
	en etsi		en kysy
	et etsi		et kysy
	ei etsi		ei kysy
	emme etsi		emme kysy
	ette etsi		ette kysy
	eivät etsi		eivät kysy

— Oletko sinä ruotsalainen?
— Ei, en ole ruotsalainen. Minä olen suomalainen. Oletko sinä kiinalainen?
— Ei, minä en ole kiinalainen. Olen japanilainen.

— Minä puhun vain (nur/bloß) suomea ja englantia. Minä en puhu kiinaa. Puhuuko Susanne kiinaa?
— Ei, hän ei puhu kiinaa. Hän puhuu saksaa ja englantia.

Minä olen suomalainen.   En ole ruotsalainen.
Sinä olet ruotsalainen.   Et ole suomalainen.
Hän on venäläinen. (Russe)   Hän ei ole suomalainen.
Me olemme oikeassa. (w. sind im Recht)   Emme ole väärässä. (wir sind nicht im Unrecht)
Te olette väärässä.   Ette ole oikeassa.
He ovat tuolla. (dort)   He eivät ole täällä. (nicht hier)

Puhun suomea.   En puhu espanjaa.
Puhut ruotsia.   Et puhu suomea.
Hän puhuu viroa. (estnisch) Hän ei puhu suomea.
Puhumme ruotsia.   Emme puhu islantia.
Puhutte venäjää. (russisch) Ette puhu suomea.
He puhuvat ruotsia.   He eivät puhu suomea.

Negatiivinen kysymys *Fragen neg.*

enkö	*ko/kö an Verneinungspartikel*
etkö	
eikö	+ verbin minä-persoonan vartalo
emmekö	
ettekö	
eivätkö	

Enkö minä puhu oikein? Et puhu. Puhut väärin.
Etkö sinä ole suomalainen? En ole. Olen saksalainen.
Eikö Andrea puhu suomea? Ei, hän ei puhu suomea.
Emmekö me ole oikeassa? Ei, te ette ole oikeassa.
Ettekö te sano mitään? Emme sano.
Eivätkö he ole täällä? Ei, he eivät ole täällä.

Verbityypit

Verbeillä on kaksi vartaloa: infinitiivin vartalo ja taivutusvartalo. Persoonapäätteet liitetään taivutusvartaloon. Infinitiivin vartalo saadaan, kun infinitiivistä otetaan pois infinitiivin pääte. Verbityypeissä 1 ja 2 infinitiivin vartalo ja taivutusvartalo ovat samanlaiset. Muissa verbityypeissä taivutusvartalo saadaan, niin että infinitiivin vartaloon lisätään äänne tai äänteitä. Niissä taivutusvartalo ei siis ole sama kuin infinitiivin vartalo. Kullakin verbityypillä on sille tyypillinen vartalo. Verbityypin tunnistaa infinitiivin ja vartalon lopusta.

Tyyppi 1
a/ä

Infinitiivin vartalo + pääte

maksa**a**   säästä**ä**
katso**a**   kysy**ä**

Infinitiivin vartalo = taivutusvartalo.

maksa**a**   säästä**ä**
↓   ↓
maksa-   säästä-

maksan	maksamme	säästän	säästämme
maksat	maksatte	säästät	säästätte
maksaa	maksavat	säästää	säästävät

katsoa kysyä
↓ ↓
katso- kysy-

katson	katsomme	kysyn	kysymme
katsot	katsotte	kysyt	kysytte
katsoo	katsovat	kysyy	kysyvät

Hän-persoonan persoonapääte on samanlainen kuin vartalovokaali (vrt. samoin verbityypeissä 3, 4 ja 5).

Tyyppi 2
da/dä

Infinitiivin vartalo + pääte

juoda syödä
saada myydä
voida

Infinitiivin vartalo = taivutusvartalo.

juoda syödä
↓ ↓
juo- syö-

juon	juomme	syön	syömme
juot	juotte	syöt	syötte
juo	juovat	syö	syövät

saada voida myydä
↓ ↓ ↓
saa- voi- myy-

saan	saamme	voin	voimme	myyn	myymme
saat	saatte	voit	voitte	myyt	myytte
saa	saavat	voi	voivat	myy	myyvät

Tässä verbityypissä ei ole persoonapäätettä hän-persoonassa.

Tyyppi 3
la/lä, ta/tä

a) la/lä

Infinitiivin vartalo + pääte

olla
tulla
opiskella
kuulla
luulla

hymyillä

Infinitiivin vartalo + *e* = taivutusvartalo

Esim. olla → ol+e → ole-

olla		hymyillä	
↓		↓	
ole-		hymyile-	
olen	olemme	hymyilen	hymyilemme
olet	olette	hymyilet	hymyilette
on	ovat	hymyilee	hymyilevät

opiskella		luulla	
↓		↓	
opiskele-		luule-	
opiskelen	opiskelemme	luulen	luulemme
opiskelet	opiskelette	luulet	luulette
opiskelee	opiskelevat	luulee	luulevat

tulla		kuulla	
↓		↓	
tule-		kuule-	
tulen	tulemme	kuulen	kuulemme
tulet	tulette	kuulet	kuulette
tulee	tulevat	kuulee	kuulevat

b) ta/tä

Infinitiivin vartalo + pääte

nous**ta** pes**tä**
 pääs**tä**

Infinitiivin vartalo + *e* = taivutusvartalo

Esim. nousta → nous+e → nouse-

nous**ta**   pes**tä**
↓   ↓
nouse-   pese-

nousen	nousemme	pesen	pesemme
nouset	nousette	peset	pesette
nousee	nousevat	pesee	pesevät

Huom! Samoin taipuvat verbit *panna, mennä, purra* ja *surra*.

pan**na**	men**nä**	pur**ra**	sur**ra**
↓	↓	↓	↓
pane-	mene-	pure-	sure-
panen	menen	puren	suren
panet	menet	puret	suret
panee	menee	puree	suree
panemme	menemme	puremme	suremme
panette	menette	purette	surette
panevat	menevät	purevat	surevat

Tyyppi 4
ta/tä

Infinitiivin vartalo + pääte

halu**ta**   herä**tä**
osa**ta**
ava**ta**
laina**ta**
siivo**ta**

Infinitiivin vartalo + **a** tai + **ä** = taivutusvartalo
Esim. haluta → halu+a → halua-
Esim. herätä → herä+ä → herää-

halu**ta**	ava**ta**	herä**tä**
↓	↓	↓
halua-	avaa-	herää-

haluan	haluamme	avaan	avaamme	herään	heräämme
haluat	haluatte	avaat	avaatte	heräät	heräätte
haluaa	haluavat	avaa	avaavat	herää	heräävät

osa**ta**	laina**ta**	siivo**ta**
↓	↓	↓
osaa-	lainaa-	siivoa-

osaan	osaamme	lainaan	lainaamme	siivoan	siivoamme
osaat	osaatte	lainaat	lainaatte	siivoat	siivoatte
osaa	osaavat	lainaa	lainaavat	siivoaa	siivoavat

Tässä verbityypissä ei ole persoonapäätettä hän-persoonassa, jos infinitiivin vartalon loppuvokaali on **a** tai **ä** (*laina+ta – hän lainaa*). Jos infinitiivin vartalon lopussa on jokin muu vokaali kuin **a/ä**, hän-persoonassa on pääte (*siivo+ta – hän siivoa+a*).

Tyyppi 5
ta/tä

Infinitiivin vartalo + pääte

tarvi**ta**   häiri**tä**

Infinitiivin vartalo + **tse** = taivutusvartalo
Esim. tarvita → tarvi+tse → tarvitse-

tarvi**ta**	häiri**tä**
↓	↓
tarvitse-	häiritse-

tarvitsen	tarvitsemme	häiritsen	häiritsemme
tarvitset	tarvitsette	häiritset	häiritsette
tarvitsee	tarvitsevat	häiritsee	häiritsevät

Huom! Verbityypit 3, 4 ja 5 erottaa infinitiivissä toisistaan katsomalla, mikä äänne on infinitiivin päätteen edellä:

Verbityyppi 3: **s**   nousta, pestä
Verbityyppi 4: V   haluta, osata, siivota, herätä
Verbityyppi 5: **i**   tarvita, häiritä

– Puhutko sinä suomea?
– Puhun vähän. Puhutko sinä englantia?
– En puhu.

– Kuka täällä kysyy paljon?
– Opettaja kysyy paljon.

– Saanko kysyä?
– Et saa nyt.

– Milloin te syötte?
– Syömme kello 12. Tuletteko mukaan?
– Me emme halua syödä vielä. Juomme nyt vain kahvia[1].

– Mitä sinä haluat? Haluatko teetä[1]?
– Ei, en. Minä tarvitsen kahvia.

– Mihin aikaan sinä heräät aamulla?
– Minä herään kello 8.

– Opiskeletko sinä aamulla?
– Ei, en opiskele, mutta minä opiskelen illalla.

– Menevätkö Katri ja Markku ulos[2]?
– Kyllä. He haluavat kävellä vähän.
– Etkö sinä mene ulos?
– En.

– Nousetko aikaisin aamulla?
– En nouse. Minä nousen myöhään.

Persoonapronominit: partitiivi

Kuka?		Ketä? *wer?*
minä		minu**a** *mich/mir*
sinä		sinu**a** *dich/dir*
hän		hän**tä**
me		mei**tä**
te		tei**tä**
he		hei**tä**

— Häiritsenkö sinua? *Stör ich dich*
— Ei, et häiritse.

— Voinko auttaa Teitä? *Darf ich Teita helfen? Sie-Form*
— Ei kiitos.

— Saanko häiritä sinua? *hören*
— Tietysti. *Natürlich*

Kellonaika   Mitä kello on?

Kello on kuusi.
Kello on puoli seitsemän. *halb*
Kello on viisitoista vaille seitsemän. *vor*
Kello on kymmenen yli seitsemän. *nach*

Kello on kuusi

puoli seitsemän

viisitoista vaille seitsemän

kymmenen yli seitsemän

Mihin aikaan?

Kymmenen yli kuusi illalla. = Kahdeksantoista kymmenen.

Mikä vuorokaudenaika?   **Milloin?**
aamu   aamu**lla**
päivä   päivä**llä**
ilta   illa**lla**
yö   yö**llä**

Mitä kello on? – Mihin aikaan? – Milloin?

– Anteeksi, voitteko sanoa, mitä kello on?
– Se on vähän yli kolme.
– Kiitos.
– Ei kestä.

– Mihin aikaan sinä tulet?
– Tulen noin kello yksitoista.

– Milloin lehti tulee?
– Se tulee aamulla.
– Mihin aikaan?
– Noin kello viisi.

– Milloin Kaisa tulee?
– Hän tulee illalla.
– Mihin aikaan?
– Kello seitsemän.

Kaisa on sihteeri

Kello on seitsemän, kun herätyskello soi. Kaisa herää. Sitten hän nousee ja käy suihkussa³. Sitten Kaisa syö ja juo kahvia.

Kello viisitoista yli yhdeksän Kaisa on työssä. Kaisa on hyvä ja nopea sihteeri. Kun puhelin soi, Kaisa vastaa. Kaisa puhuu englantia. Hän puhuu nopeasti. Hän osaa puhua myös ruotsia, saksaa ja ranskaa. Kaisa puhuu oikein hyvin englantia ja ruotsia, mutta hän puhuu saksaa aika huonosti.

Kun on lounasaika, Kaisa menee ulos². Ulkona² on kaunis ilma. Kaisa kävelee vähän aikaa. Sitten hän syö jotakin, juo kahvia ja on taas työssä kello kaksitoista. Kello seitsemäntoista työpäivä päättyy. Puoli kuusi Kaisa on kotona.

Keskustelua

KAHVILASSA
– Anteeksi. Onko tämä tuoli vapaa?
– On.

– Anteeksi. Onko tämä paikka vapaa?
– Ei ole. Se on varattu.

TUTUSTUMME

– Saanko esitellä: Heikki Nieminen, hän on insinööri ja tässä on Pekka Lahti, Pekka on atk-tukihenkilö.
– Hauska tutustua.
– Hauska tutustua.

– Päivää, Anneli Kaarto.
– Heikki Nieminen. Hauska tutustua. Tervetuloa.
– Kiitos.

E = esittelijä, K = Kaisa, M = Markku

E: Hei, tässä on Kaisa.
K: Hei.
E: Ja Markku.
M: Hei, hauska tutustua.
K: Hauska tutustua.

HAUSKA NÄHDÄ

– Hei, hauska nähdä.
– No, hei. Mitä kuuluu?
– Kiitos hyvää. Entä sinulle?
– Kiitos ihan hyvää.

– Hei, mitä kuuluu?
– No, mikäs tässä. Entä sinulle?
– Kiitos, menee ihan mukavasti.
– Kaunis päivä tänään.
– Niin on.

ILMA

– Millainen ilma siellä on?
– Siellä on kaunis ilma, mutta tuulee.

SAANKO KYSYÄ?

– Anteeksi. Saanko kysyä?
– Ole hyvä.
– Mitä tämä sana tarkoittaa?
– Ai, *lift*. Se on 'hissi'.

– Anteeksi. Saanko häiritä vähän?
– Totta kai.

– Häiritsenkö sinua?
– Ei, et häiritse ollenkaan.

– Kuuletko?
– Kuulen.

Tiedustelu ja kysymys

Anteeksi, voitteko neuvoa...?
Anteeksi, voitko sanoa...?
Anteeksi, saanko kysyä...?
Anteeksi, saanko häiritä?
Voinko auttaa?

Kysymyssanat

Mitä kello on?
Mikä vuorokaudenaika on?
Mihin aikaan sinä tulet?
Milloin sinä tulet?
Mitä tämä tarkoittaa?
Millainen ilma siellä on?

Huomautuksia

1) Objekti

Kun puhumme siitä, mitä juomme, esim. *kahvi* tai *tee*, niin käytämme partitiivia. Esim. *Haluatko kahvia vai teetä?*

2) *ulos – ulkona – ulkoa*

Mihin? – Ulos. *Wohin → raus*
Missä? – Ulkona. *Wo → draußen*
Mistä? – Ulkoa. *Woher → von draußen*

3) *suihkussa* → *in der Dusche*

Nominatiivi: *suihku*

Missä? – Suihkussa.
Wo?

Lauseoppia

Kun puhumme säästä, lauseessa on vain verbi tai sääilmaus ja lauseen alussa sana, joka ilmaisee aikaa tai paikkaa.

Sataa.
Siellä tuulee.
Ulkona on kaunis ilma.
Nyt on kaunis ilma.
Tänään on ruma ilma.

Mikä sija?

häiritä + P	Sinä häiritset minu**a**.
	Häiritsenkö tei**tä**?
	Naapuri häiritsee Kirsi**ä**.
auttaa + P	Voitko auttaa minu**a**?
	Saanko auttaa sinu**a**?
vähän + P	vähän aika**a**

Kappale 3

– Mihin Kaisa menee? – Missä Kaisa on? – Mistä Kaisa tulee?
– Hän menee postiin. – Hän on postissa. – Hän tulee postista.

– Mihin Kaisa menee? – Missä Kaisa on? – Mistä Kaisa tulee?
– Hän menee torille. – Hän on torilla. – Hän tulee torilta.

Nominin vartalo

Sanan vartalo ei ole aina sama kuin nominatiivi.

Huom! Vartalo + pääte

Nominatiivi	Vartalo	Mihin? Illatiivi Vn	Missä? Inessiivi ssa/ssä	Mistä? Elatiivi sta/stä
posti	posti-	posti**in**	posti**ssa**	posti**sta**
kahvila	kahvila-	kahvila**an**	kahvila**ssa**	kahvila**sta**
talo	talo-	talo**on**	talo**ssa**	talo**sta**
hylly	hylly-	hylly**yn**	hylly**ssä**	hylly**stä**
keittiö	keittiö-	keittiö**ön**	keittiö**ssä**	keittiö**stä**
suuri	suure-	suure**en**	suure**ssa**	suure**sta**
Suomi	Suome-	Suome**en**	Suome**ssa**	Suome**sta**
pieni	piene-	piene**en**	piene**ssä**	piene**stä**
sininen	sinise-	sinise**en**	sinise**ssä**	sinise**stä**
Helsinki	Helsingi-	Helsinki**in**	Helsingi**ssä**	Helsingi**stä**
Madrid	Madridi-	Madridi**in**	Madridi**ssa**	Madridi**sta**
New York	New Yorki-	New Yorki**in**	New Yorki**ssa**	New Yorki**sta**
		hVn		
työ	työ-	työ**hön**	työ**ssä**	työ**stä**
maa	maa-	maa**han**	maa**ssa**	maa**sta**
pää	pää-	pää**hän**	pää**ssä**	pää**stä**
		seen		
Lontoo	Lontoo-	Lontoo**seen**	Lontoo**ssa**	Lontoo**sta**
Espoo	Espoo-	Espoo**seen**	Espoo**ssa**	Espoo**sta**
huone	huonee-	huonee**seen**	huonee**ssa**	huonee**sta**
kirje	kirjee-	kirjee**seen**	kirjee**ssä**	kirjee**stä**
kappale	kappalee-	kappalee**seen**	kappalee**ssa**	kappalee**sta**

Kaisa menee pieneen kahvilaan ja pienestä kahvilasta hän menee suureen postiin. Postista hän menee siniseen taloon. Kaisa asuu suuressa, sinisessä talossa.

Nominatiivi	Vartalo	Mihin? Allatiivi lle	Missä? Adessiivi lla/llä	Mistä? Ablatiivi lta/ltä
tori	tori-	tori**lle**	tori**lla**	tori**lta**
hylly	hylly-	hylly**lle**	hylly**llä**	hylly**ltä**
seinä	seinä-	seinä**lle**	seinä**llä**	seinä**ltä**
suuri	suure-	suure**lle**	suure**lla**	suure**lta**
pieni	piene-	piene**lle**	piene**llä**	piene**ltä**
meri	mere-	mere**lle**	mere**llä**	mere**ltä**
Venäjä	Venäjä-	Venäjä**lle**	Venäjä**llä**	Venäjä**ltä**
Tampere	Tampere-	Tampere**elle**	Tampere**ella**	Tampere**elta**
katu	kadu-	kadu**lle**	kadu**lla**	kadu**lta**
pöytä	pöydä-	pöydä**lle**	pöydä**llä**	pöydä**ltä**
sininen	sinise-	sinise**lle**	sinise**llä**	sinise**ltä**
tuulinen	tuulise-	tuulise**lle**	tuulise**lla**	tuulise**lta**

Kaisa menee tuuliselle kauppatorille ja kauppatorilta hän menee Keskuskadulle. Keskuskadulta hän menee Rauhankadulle. Kaisa asuu hiljaisella Rauhankadulla.

Viikonpäivät

maanantai
tiistai
keskiviikko
torstai
perjantai
lauantai
sunnuntai

viikonloppu

Milloin?

maanantai**na**
tiistai**na**
keskiviikko**na**
torstai**na**
perjantai**na**
lauantai**na**
sunnuntai**na**

viikonloppu**na**

— Mikä päivä tänään on?
— Tiistai.

— Missä olit[1] maanantaina?
— Olin kirjastossa.

— Mitä teet viikonloppuna?
— Menen maalle[2].
— No, hyvää viikonloppua.
— Kiitos samoin.

Verbit *tehdä* ja *nähdä* kuuluvat verbityyppiin 2.

teh**d**ä

Positiivinen	Negatiivinen	Positiivinen	Negatiivinen
teen	en tee	näen	en näe
teet	et tee	näet	et näe
te**k**ee	ei tee	nä**k**ee	ei näe
teemme	emme tee	näemme	emme näe
teette	ette tee	näette	ette näe
te**k**evät	eivät tee	nä**k**evät	eivät näe

näh**d**ä

Verbillä *tehdä* on kaksi merkitystä:

1) tehdä

– Mitä sinä teet tänään illalla?
– Opiskelen suomea.

2) tehdä

– Päivää. Minä olen Kaija Partanen. Olen sairaanhoitaja.
– Päivää. Minä olen Anja Kallio.
– Mitä sinä teet?
– Olen tarjoilija.

Milloin?

tänään
eilen
huomenna
toissapäivänä
ylihuomenna

– Milloin Kaisa tulee?
– Hän tulee huomenna.

– Onko huomenna jo lauantai?
– Joo, on.

Millä kulkuvälineellä?

bussi**lla**, juna**lla**, raitiovaunu**lla**, taksi**lla**, laiva**lla**, lentokonee**lla**, polkupyörä**llä**, moottoripyörä**llä**

– Millä sinä tulet työhön?
– Tulen junalla.

Huom! Mikä ero?

Kaisa menee bussi**in**. Kaisa matkustaa joka päivä bussi**lla** Espooseen.

Kaisa istuu bussi**ssa**. Kaisa jää pois bussi**sta** Espoossa.

Kaisa asuu Rauhankadulla.

Kaisa Nieminen on kotoisin Helsingistä, Suomesta. Hän asuu Helsingissä, vanhassa kaupunginosassa, Rauhankadulla. Hän asuu suuressa, sinisessä kerrostalossa. Osoite on Rauhankatu 3 B 20. Huoneistossa on kaksi huonetta, keittiö, kylpyhuone ja eteinen. Eteisessä on seinällä suuri peili ja pieni hylly. Pienellä hyllyllä on kello. Suuressa olohuoneessa on kaksi tuolia, kirjahylly, työpöytä, tietokone ja televisio. Lattialla on pehmeä matto. Makuuhuoneessa on sänky ja pieni yöpöytä. Yöpöydällä on herätyskello ja tavallisesti myös pari kirjaa. Seinällä on kolme taulua.
Tavallisesti Kaisa Nieminen menee työstä suoraan kotiin, mutta tänään on perjantai, ja Kaisa haluaa käydä ensin kirjastossa. Kirjasto on Rikhardinkadulla. Kaisa menee raitiovaunulla Rikhardinkadulle. Kaisa ei ole kirjastossa kauan. Hän kävelee kirjastosta kotiin Rauhankadulle. Kadulta hän menee ensin pienelle pihalle ja pihalta rappukäytävään. Rappukäytävässä on hissi. Hän menee hissiin.

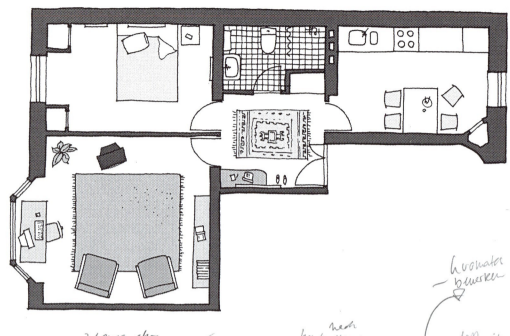

Kaisa on kotona³ noin kello kuusi. Kun Kaisa tulee kotiin, hän huomaa, että kännykässä on tekstiviesti. Viestissä on kutsu teatteriin. Kaisa menee heti kylpyhuoneeseen. Hän käy nopeasti suihkussa. Sitten Kaisa menee bussilla teatteriin.

Keskustelua

KIITOS!

– Hei Anne, kiitos viimeisestä. Oli oikein hauskaa.
– Kiitos itsellesi⁴. Oli tosi hauskaa. Soitellaan.
– Joo. Soitellaan⁵.

– Kiitos teestä. Oli hauska keskustella.
– Ei kestä. Kiitos vain. Nähdään⁵.
– Joo. Nähdään.

MITÄ TE TEETTE?

– Mitä te teette ylihuomenna?
– Ylihuomenna on sunnuntai. Menemme maalle. Käymme usein maalla sunnuntaina.

- Hei Kaisa. Mitä sinä teet huomenna?
- Huomennako? Mikä päivä huomenna on?
- Huomenna on lauantai.
- Ai, lauantaina minä menen teatteriin.

MISSÄ SINÄ OLIT?

- Missä sinä olit eilen? Olitko kotona?
- Olin. Toissapäivänä oli maanantai ja olin kylässä[6]. Eilen oli tiistai ja olin kotona. Tänään on keskiviikko ja menen teatteriin.
- Mihin menet huomenna?
- Menen ravintolaan.

KURSSILLA

- Päivää ja tervetuloa tekstinkäsittelykurssille. Minä olen Liisa Matikainen. Olen atk-kouluttaja. Ensin tutustumme. Jokainen sanoo, kuka hän on, mitä hän tekee ja mistä on kotoisin. Olkaa hyvä.
- Minä olen Kari Puttonen, opiskelija, Espoosta. – Raija Virta, kääntäjä, Porvoosta. – Tuija Nevala, kauppias, Vantaalta. – Vladimir Ustinov, tulkki, Tikkurilasta. – Veijo Salakka, lääkäri, Sipoosta. – Virpi Miettinen, toimittaja, Tampereelta.
- Hauska tutustua. Nyt voimme aloittaa.

- Kuinka monta ulkomaalaista täällä on?
- Täällä on 2 suomalaista ja 15 ulkomaalaista: 2 ruotsalaista, 3 norjalaista, 1 saksalainen, 4 englantilaista, 3 italialaista ja 2 ranskalaista.

- Kuinka monta naista ja miestä täällä on?
- Täällä on 8 naista ja 10 miestä.

Maat ja pääkaupungit

Englanti	Lontoo
Espanja	Madrid
Islanti	Reykjavik
Italia	Rooma
Itävalta	Wien
Latvia	Riika
Liettua	Vilna
Norja	Oslo
Puola	Varsova
Ranska	Pariisi
Ruotsi	Tukholma
Saksa	Berliini
Suomi	Helsinki
Sveitsi	Bern
Tanska	Kööpenhamina
Unkari	Budapest
Venäjä	Moskova
Viro	Tallinna

Maanosat

Aasia
Afrikka
Amerikka
Australia
Eurooppa

Kysymyssanat

Mihin te menette?
Minne te menette?
Missä sinä olit?
Mistä hän on kotoisin?
Mitä sinä teet huomenna?
Mikä viikonpäivä tänään on?
Millä sinä tulet työhön?

Huomautuksia

1) *olla*-verbin imperfekti

Preesens		**Imperfekti**	
olen	*olemme*	*olin*	*olimme*
olet	*olette*	*olit*	*olitte*
hän on	*he ovat*	*hän oli*	*he olivat*

— *Missä olit eilen?*
— *Olin teatterissa.*

2) maalle – maalla – maalta

maa-sana on *l*-sijassa, kun tarkoitamme maaseutua, siis kun ei liikuta kaupungissa.
Menemme maalle viikonloppuna.

Kun tarkoitamme valtiota, käytämme *s*-sijaa.
Mihin maahan matkustat?

3) kotiin – kotona – kotoa

Mihin?/Minne?   Kotiin.
Missä?   Kotona.
Mistä?   Kotoa.

4) itsellesi

Refleksiivipronomini *itse+lle+si* = 'sinulle itse'. Päätteen jälkeen sanaan tulee aina possessiivisuffiksi, joka kertoo, mistä persoonasta on kysymys. Suffiksi **si** on sinä-persoonan possessiivisuffiksi.

5) Hyvästely

Seuraavat ilmaukset tarkoittavat oikeastaan, että soitamme tai näemme taas pian. Puheessa ne kuitenkin usein ovat vain tapa hyvästellä.

Soitellaan! = *Kuulemiin./Näkemiin.*
Nähdään! = *Näkemiin.* = *Hei.*

6) kylään – kylässä – kylästä

Sana tarkoittaa vierailua.
Menen kylään. Olin kylässä.

Sanatyypit

	i			
N	bussi	tori	lasi	kassi
P	bussia	toria	lasia	kassia
Vartalo	**bussi-**	**tori-**	**lasi-**	**kassi-**
Ill.	bussiin	toriin	lasiin	kassiin
In.	bussissa	torissa	lasissa	kassissa
El.	bussista	torista	lasista	kassista
All.	bussille	torille	lasille	kassille
Ad.	bussilla	torilla	lasilla	kassilla
Abl.	bussilta	torilta	lasilta	kassilta

Muita: taksi, posti, banaani, appelsiini, sihteeri, suutari, insinööri, lääkäri, muovi, pussi

	i		
N	suur**i**	pien**i**	kiel**i**
P	suurta	pientä	kieltä
Vartalo	**suure-**	**piene-**	**kiele-**
Ill.	suureen	pieneen	kieleen
In.	suuressa	pienessä	kielessä
El.	suuresta	pienestä	kielestä
All.	suurelle	pienelle	kielelle
Ad.	suurella	pienellä	kielellä
Abl.	suurelta	pieneltä	kieleltä

Muita: saar**i**, tyyn**i**, un**i**, miel**i**, mer**i**, ään**i**, nuor**i**

	i	
N	nim**i**	suom**i**
P	nimeä	suomea
Vartalo	**nime-**	**suome-**
Ill.	nimeen	suomeen
In.	nimessä	suomessa
El.	nimestä	suomesta
All.	nimelle	suomelle
Ad.	nimellä	suomella
Abl.	nimeltä	suomelta

Muita: onn**i**, sorm**i**, niem**i**, järv**i**, hetk**i**, talv**i**

	e		
N	kirj**e**	huon**e**	kappal**e**
P	kirjettä	huonetta	kappaletta
Vartalo	**kirjee-**	**huonee-**	**kappalee-**
Ill.	kirjeeseen	huoneeseen	kappaleeseen
In.	kirjeessä	huoneessa	kappaleessa
El.	kirjeestä	huoneesta	kappaleesta
All.	kirjeelle	huoneelle	kappaleelle
Ad.	kirjeellä	huoneella	kappaleella
Abl.	kirjeeltä	huoneelta	kappaleelta

Muita: alu**e**, tuor**e**, virh**e**, puh**e**, kon**e**, esin**e**, välin**e**, ain**e**, laus**e**

	nen		
N	suomalai**nen**	nai**nen**	sini**nen**
P	suomalaista	naista	sinistä
Vartalo	suomalai**se-**	nai**se-**	sini**se-**
Ill.	suomalaiseen	naiseen	siniseen
In.	suomalaisessa	naisessa	sinisessä
El.	suomalaisesta	naisesta	sinisestä
All.	suomalaiselle	naiselle	siniselle
Ad.	suomalaisella	naisella	sinisellä
Abl.	suomalaiselta	naiselta	siniseltä

Muita: ihmi**nen**, ruotsalai**nen**, virolai**nen**, helsinkiläi**nen**, berliiniläi**nen**, punai**nen**, valkoi**nen**, keltai**nen**, iloi**nen**, onnelli**nen**, mielenkiintoi**nen**, Virta**nen**, Niemi**nen**

Lauseoppia

Lause ilman subjektia

Kun halutaan yleisesti todeta millainen ilta, päivä, tapaaminen, juhla tms. oli, lauseessa on vain *olla*-verbi ja adjektiivi on tavallisesti partitiivissa. Lauseessa ei siis ole subjektia.

Oli (oikein) hauskaa.

Sanajärjestys
Subjektin paikka lauseessa

Subjekti on tavallisesti verbin edellä, kun vastataan kysymykseen: **Missä** subjekti on?

Subjekti	**Predikaatti**	**Paikka**
↓	↓	↓
Kaisa	*asuu*	*vanhassa kaupunginosassa.*
Hän	*asuu*	*suuressa kerrostalossa.*
Kahvila	*on*	*Esplanadilla.*

Joskus subjekti on verbin jäljessä, kun vastataan kysymykseen: **Mitä** paikalla on? (Eksistentiaalilause)

Paikka	**Predikaatti**	**Subjekti**
↓	↓	↓
Huoneistossa	*on*	*kaksi huonetta.*
Pienellä hyllyllä	*on*	*kello.*
Rappukäytävässä	*on*	*hissi.*

Kysymyslauseen sanajärjestys

Sanajärjestys on sama kuin väitelauseessa.

Vrt.
Väitelause:

	Subjekti ↓	Predikaatti ↓
	Minä	*olen Leena.*

Kysymyslause:

Kuka	*sinä*	*olet?*
Mitä	*kello*	*on?*

Epäsuora kysymys:

	Subjekti ↓	Predikaatti ↓
Ensin sanon, kuka	*minä*	*olen.*
Sitten kerron, mitä	*minä*	*teen.*
Voitko sanoa, mitä	*kello*	*on?*

Mikä sija?

olla kotoisin + sta/stä tai lta/ltä

– Mi**stä** sinä olet kotoisin?
– Olen kotoisin Pietari**sta**, Venäjä**ltä**.
– Ai, minä olen Suome**sta**, Tampere**elta**.

Missä?

Suomalainen asuu Suome**ssa**.
Ruotsalainen asuu Ruotsi**ssa**.
Saksalainen asuu Saksa**ssa**.
Venäläinen asuu Venäjä**llä**.
Norjalainen asuu Norja**ssa**.

Mistä?

Hän on kotoisin Suome**sta**.
Hän on kotoisin Ruotsi**sta**.
Hän on kotoisin Saksa**sta**.
Hän on kotoisin Venäjä**ltä**.
Hän on kotoisin Norja**sta**.

käydä	+	{ ssa/ssä lla/llä	Käyn posti**ssa**. Käytkö tori**lla**?
kiitos	+	sta/stä	Kiitos kahvi**sta**! Kiitos viimeise**stä**!

Kappale 4

Pöydällä on kuppi. Hellalla on kattila. Kaapissa on astia.
Kupissa on kahvia. Kattilassa on keittoa. Astiassa on sokeria.
Kahvi on kuumaa. Keitto on hyvää. Sokeri on valkoista.

Ainesana	Kappalesana (konkreettinen)
kahvi	kuppi
sokeri	astia
vesi	lasi
tee	kassi
suola	kirja
mehu	mies
maito	tölkki
juusto	appelsiini
hunaja	omena

1. Kun ainesana on subjekti lauseen **alussa**, se on nominatiivissa.

Missä vadelmahillo, kahvi, sokeri on?

Vadelmahillo *on tuolla alahyllyllä.*

Kahvi *on pannussa.*

Sokeri *on pöydällä.*

2. Kun ainesana on subjekti lauseen **lopussa**, se on partitiivissa. (Eksistentiaalilause)

Mitä purkissa, kupissa, pöydällä, laatikossa on?

*Tuossa purkissa on mansikkahillo**a**.*

*Kupissa on kahvi**a**.*

*Pöydällä on sokeri**a**.*

*Missä laatikossa on paperi**a**?*

*Jääkaapissa on voi**ta**.*

Vrt. kappalesana on aina nominatiivissa.

*Pöydällä on **kuppi**.*
***Kuppi** on pöydällä.*

3. Jos lauseessa on adjektiivi, joka kertoo, millainen ainesanasubjekti on, ainesana on nominatiivissa ja adjektiivi partitiivissa.

Millaista vadelmahillo, kahvi, maito on?
*Vadelmahillo on hyv**ää**.*
*Kahvi on laih**aa**.*
*Maito on kylm**ää**.*
*Tämä ruoka on pah**aa**.*
*Piimä on hapan**ta**.*

Vrt. kappalesanan adjektiivi on nominatiivissa.
*Tuo mies on **ruotsalainen**.*
*Tämä kassi on **musta**.*
*Kirja oli **hyvä**.*

4. Ainesana on partitiivissa, kun se on objekti.
*Juon aamulla kahv**ia** ja mehu**a**.*
*Ostan soker**ia**.*
*Syön kal**aa**.*

MITÄ TÄSSÄ ON?

— Mitä tässä pullossa on?
— Siinä on mansikkamehua.
— Entä tuossa purkissa?
— Siinä on mansikkahilloa.
— Missä vadelmahillo on?
— Vadelmahillo on tuolla alahyllyllä.

MISSÄ ON PAPERIA?

— Hei, missä on paperia.
— Siinä lipastossa.
— Missä siinä?
— Siinä on kaksi laatikkoa, vasen laatikko ja oikea laatikko.
Oikeassa laatikossa on paperia.

MISSÄ ON PANKKIAUTOMAATTI?

– Anteeksi, voitteko sanoa, millä kadulla on lähin pankkiautomaatti?
– Jaa-a, lähin automaatti on kai tuolla seuraavalla kadulla, Liisankadulla.

KAUPASSA

– Päivää. Mitä saa olla?
– Jauhelihaa.
– Nautaa vai sika-nautaa?
– Nautaa. Onko se tuoretta?
– On.
– Puoli kiloa.
– Tuleeko muuta?
– Ei muuta kiitos.

– Päivää. Minkämaalaista tämä homejuusto on?
– Se on ranskalaista. Tässä olisi[1] myös suomalaista homejuustoa.
– Jaa, no sitä sitten 100 grammaa.

KAHVILASSA

– Juotko kahvia?
– Kyllä kiitos.
– Otatko sokeria tai kermaa?
– Vain sokeria, kiitos.
– Syötkö jotakin?
– Ei kiitos.

Kysymyspronomini *mikä* ja demonstratiivipronominit

N	mikä	tämä	tuo	se
P	mitä	tätä	tuota	sitä
Vartalo	mi-	tä-	tuo-	si(i)-
Ill.	mihin	tähän	tuohon	siihen
In	missä	tässä	tuossa	siinä
El.	mistä	tästä	tuosta	siitä
All.	mille	tälle	tuolle	sille
Ad.	millä	tällä	tuolla	sillä
Abl.	miltä	tältä	tuolta	siltä

Mikä kirja tämä on?   Se on oppikirja.
Mitä kieltä Te puhutte?   Englantia.
Mihin huoneeseen menette?   Kokoushuoneeseen
Missä huoneessa kopiokone on?   Viimeisessä huoneessa oikealla.
Mistä kirjasta te puhutte?   Puhumme tästä sanakirjasta.
Mille torille menette?   Kauppatorille
Millä torilla taksiasema on?   Senaatintorilla
Miltä torilta tulet?   Tulen Kauppatorilta.

Tämä kirja on mielenkiintoinen.
Saanko maistaa tätä juustoa?
Tuleeko piano tähän huoneeseen?
Onko tässä huoneessa puhelin?
Kiitos tästä kirjasta.
Bussi tulee tälle torille.
Tällä torilla on taksiasema.
Tältä torilta on 200 metriä asemalle.

Onko tuo ikkuna auki?
Luulen, että häiritsemme tuota miestä.
Tuleeko työpöytä tuohon huoneeseen?
Mitä tuossa muovikassissa on?
Puhutteko tuosta kirjasta?
Bussi tulee tuolle torille.
Onko tuolla torilla kahvila?
Bussi tulee tuolta torilta.

Mikä tämä on?   Se on videofilmi.
Puhutko englantia?   Puhun sitä huonosti.
Tuleeko työpöytä tänne?   Kyllä, se tulee siihen huoneeseen.
Missä hammasharja on?   Se on siinä kaapissa.
Mistä filmistä te puhutte?   Puhumme siitä italialaisesta filmistä.

Mille kirpputorille menette? Menemme sille isolle kirpputorille.
Millä torilla kauppahalli on? Se on myös sillä samalla torilla.
Tuletteko kauppatorilta? Emme. Tulemme siltä kirpputorilta,
joka on Hakaniemessä.

Astevaihtelu: Nominit

Vahva aste	Heikko aste
(nominatiivissa)	(vartalossa)
paikka	paikalla
lippu	liput
tyttö	tytöt
ruoka	ruoassa
tapa	tavat
katu	kadulla
Helsinki	Helsingissä
Irlanti	Irlannissa
silta	sillalla
kerta	kerran

Astevaihtelu: Verbityyppi 1

Vahva aste	Heikko aste
(infinitiivissä, hän- ja he-persoonassa)	(minä-, sinä-, me- ja te-persoonassa)
leikkiä	leikimme
oppia	opitte
soittaa	soitan
lukea	luen
sopia	sovimme
tietää	tiedän
onkia	ongin
antaa	annan
kieltää	kiellän
ymmärtää	ymmärrätkö?

VOITKO AUTTAA?

- Voitko auttaa minua?
- Autan, totta kai. Miten voin auttaa?
- Minä opiskelen suomea, enkä² ymmärrä, mitä tämä sana tarkoittaa. Tiedätkö sinä, mitä se on englanniksi³?
- Minä katson. Ahaa: "Lennämme sunnuntaina Lontooseen.", siis lentää. Se on englanniksi³ 'to fly'.
- Kiitos. Saanko kysyä taas, kun en tiedä?
- Totta kai. Voi olla, että minäkään⁴ en tiedä, mutta sitten katsomme sanakirjasta.

Persoonapronominit

N	minä	sinä	hän	me	te	he
P	minua	sinua	häntä	meitä	teitä	heitä
Vartalo	minu-	sinu-	häne-	mei-	tei-	hei-
Ill.	minuun	sinuun	häneen	meihin	teihin	heihin
In.	minussa	sinussa	hänessä	meissä	teissä	heissä
El.	minusta	sinusta	hänestä	meistä	teistä	heistä
All.	minulle	sinulle	hänelle	meille	teille	heille
Ad.	minulla	sinulla	hänellä	meillä	teillä	heillä
Abl.	minulta	sinulta	häneltä	meiltä	teiltä	heiltä

MINÄ PIDÄN SINUSTA.

- Minä pidän sinusta. Minusta⁵ sinä olet kiva kaveri.
- Minäkin pidän sinusta.

MITÄ MIELTÄ OLET?

- Mistä sinä olet kotoisin?
- Englannista.
- Missä sinä asut Helsingissä?
- Maneesikadulla, opiskelija-asunnossa.
- Mitä sinä pidät Helsingistä⁶?
- Anteeksi?
- Mitä mieltä⁶ olet Helsingistä⁶?
- Minusta⁵ Helsingissä on ihan mukavaa.
- Pidätkö sinä talvesta?

- Pidän kyllä, mutta pidän kesästä enemmän. Pidän auringosta ja merestä. Minusta⁵ kesä on mukava, koska kesällä on kiva uida meressä.
- Meri voi täällä olla kylmä.
- Joo, niin kai keväällä, mutta ei enää kesällä.

Esimerkkejä:

Nominit

laatikko	laatikossa		
muusikko	muusikot		
tukka	tukassa		
lippu	liput		
kuppi	kupissa		
loppu	lopussa		
tyttö	tytöt		
nätti	nätit		
salaatti	salaatissa		
joki	joessa		
velka	velat		
mäki	mäellä		
apu	avusta		
lupa	luvat		
halpa	halvat		
äiti	äidistä		
katu	kadulla		
satu	sadussa		
kenkä	kengät		
Helsinki	Helsingissä		
kaupunki	kaupungissa		
Irlanti	Irlannissa		
asunto	asunnossa		
hinta	hinnat		
Itävalta	Itävallassa		
silta	sillalla		
kulta	kullasta		

Verbit

leikkiä	leikin
nukkua	nukumme
rikkoa	rikot
oppia	opitte
hyppiä	hypin
auttaa	autamme
odottaa	odotan
tarkoittaa	tarkoitan
lukea	luemme
pukea	puet
hakea	haen
saapua	saavutte
yöpyä	yövyn
sopia	sovimme
tietää	tiedän
viihtyä	viihdyn
tahtoa	tahdot
lähteä	lähdemme
onkia	ongin
tinkiä	tingin
antaa	annan
lentää	lennämme
tuntea	tunnette
kieltää	kiellätte
viheltää	vihellät
uskaltaa	uskallan

kerta	kerran	ymmärtää	ymmärrän
parta	parrassa	kertoa	kerron

Astevaihtelu

Vahva aste	Heikko aste
kk	k
pp	p
tt	t
k	–
p	v
t	d
nk	ng
nt	nn
lt	ll
rt	rr

Vahva aste	Heikko aste
Nominit (vokaaliloppuiset):	**Nominit (vokaaliloppuiset):**
nominatiivissa, illatiivissa	vartalossa (paitsi illatiivissa)
Verbityyppi 1:	**Verbityyppi 1:**
infinitiivissä, hän- ja he-persoonassa	minä-, sinä-, me- ja te-persoonassa

Huom! Jos vartalon lopussa on kaksi vokaalia, ei ole astevaihtelua.
*Saanko käydä **keittiössä**.*
***Latti**alla on matto.*

Mikä vuodenaika?	Milloin?
kevät	kevää**llä**
kesä	kesä**llä**
syksy	syksy**llä**
talvi	talve**lla**

Monikon nominatiivi
t

Mikä?		Mitkä?
Nominatiivi	Vartalo	Monikon nominatiivi
muusikko	muusiko-	muusikot
lippu	lipu-	liput
tyttö	tytö-	tytöt
joki	joe-	joet
lupa	luva-	luvat
katu	kadu-	kadut
kenkä	kengä-	kengät
asunto	asunno-	asunnot
silta	silla-	sillat
parta	parra-	parrat
posti	posti-	postit
pieni	piene-	pienet
huone	huonee-	huoneet
nainen	naise-	naiset
lounas	lounaa-	lounaat
uusi	uude-	uudet

Muusikko soittaa.   Muusikot soittavat.
Tyttö leikkii.   Tytöt leikkivät.
Nainen istuu kahvilassa.   Naiset istuvat kahvilassa.
Tämä bussi menee Espooseen.   Nämä bussit menevät Espooseen.
Tuo ulkomaalainen puhuu suomea.   Nuo ulkomaalaiset eivät puhu suomea.

Pronominit ovat monikossa: *mikä – mitkä, tämä – nämä, tuo – nuo, se – ne: mitkä kirjat, nämä kirjat, nuo autot, ne liput.*

Kaisa ja Sabina lähtevät Lappiin.

Kaisa on kotoisin Suomesta, kuten tiedämme. Sabina on Englannista, Lontoosta. Sabina haluaa matkustaa Lappiin. Kaisa lähtee mukaan.

Kaisa ja Sabina asuvat samassa rapussa, melko uudessa talossa. He menevät illalla taksilla rautatieasemalle. Juna lähtee laiturilta kaksi. Tytöt nousevat junaan vähän vaille kahdeksan illalla. Juna lähtee Helsingistä tasan kello kahdeksan. Tytöt matkustavat makuuvaunussa. Kaisa nukkuu yläsängyssä ja Sabina alasängyssä. Aamulla juna saapuu Rovaniemelle. Rautatieasemalta tytöt menevät bussiasemalle. He nousevat bussiin ja matkustavat bussilla Luostoon. Luostossa he hiihtävät, lukevat, käyvät saunassa, syövät hyvin ja nukkuvat paljon.

Viikonloppuna tytöt palaavat Helsinkiin. Loma on ohi. Maanantaina tytöt menevät taas työhön ja yliopistoon.

Minä asun Vironkadulla.

Minä asun pienessä asunnossa Vironkadulla, Kruununhaassa. Kruununhaka on kaupunginosa Helsingissä. Pidän Helsingistä. Kävelen usein rannalla. Se on oikein mukavaa, varsinkin keväällä, kun kukat kukkivat, linnut laulavat ja aurinko paistaa. Joskus istun auringossa ja luen jotakin. Joskus seison sillalla ja katson, kun laivat menevät ohi.

Sabina, joka opiskelee yliopistossa, asuu myös Vironkadulla. Sabina on myös työssä. Joskus me kävelemme yhdessä bussipysäkille. Bussipysäkiltä nousemme bussiin ja menemme bussilla keskustaan työhön. Sabina menee pankkiin. Hän on työssä pankissa. Minä olen työssä koulussa.

Keskustelua

ANTEEKSI, MISSÄ...?

– Anteeksi, missä huoneessa herra Mäkelä on?
– Ensimmäisessä huoneessa oikealla.
– Kiitos.

– Anteeksi, onko rouva Nurmi tässä huoneessa?
– Ei ole. Hän on viimeisessä huoneessa vasemmalla.
– Kiitos.

– Anteeksi, missä täällä on taksiasema?
– Menette ensin suoraan eteenpäin, sitten käännytte toisesta kulmasta oikealle ja seuraavasta kulmasta vasemmalle.
– Kiitos.

KYSYMME TIETÄ.

- Anteeksi, osaatteko sanoa, miten pääsen rautatieasemalle?
- Käännytte ensin seuraavasta kulmasta vasemmalle ja menette suoraan eteenpäin, kunnes tulette puistoon. Kävelette puistotietä[7], kunnes tulette Teatterikujalle. Teatterikujalta käännytte oikealle. Asema on siinä oikealla.
- Kiitos.
- Ei kestä.

- Tiedättekö, meneekö tämä bussi Lauttasaareen?
- Kyllä menee.

- Pääseekö tällä bussilla Espooseen?
- Ei pääse. Bussilla numero 194 pääsee Espooseen.
- Kiitos.
- Olkaa hyvä.

- Anteeksi, millä junalla pääsee Huopalahteen?
- L-junalla.
- Kiitos.

- Pääseekö Helsingistä laivalla Pietariin?
- Pääsee.
- Pääseekö myös lentokoneella?
- Pääsee. Pietariin pääsee Helsingistä laivalla, lentokoneella, junalla ja bussilla.

- Miltä laiturilta lähtee juna Joensuuhun?
- Laiturilta kolme, raide viisi.
- Anteeksi, voitteko puhua hitaasti. Minä ymmärrän huonosti suomea.
- Platform three.
- Minä en osaa englantia.
- Laituri kolme, raide viisi.
- Kiitos.

MISSÄ ASUT?

- Missä kaupunginosassa asut?
- Asun Kruununhaassa.
- Millä kadulla?
- Liisankadulla. Osoite on Liisankatu 14 A 10
- Miten viihdyt siellä?
- Viihdyn hyvin.

- Hei, tiedätkö, missä Salmiset asuvat nyt?
- He asuvat Turussa.
- Viihtyvätkö he siellä?
- Ei, he eivät viihdy siellä kovin hyvin.

LOMALLE, LOUNAALLE JA MEILLE

- Milloin sinä lähdet lomalle[8]?
- Minä olin jo lomalla[8].
- Ai olitko matkalla[8]?
- En, olin vain maalla[8], mökillä[8].

- Milloin sinä menet lounaalle[8]?
- Ihan kohta. Lähdetkö sinäkin?
- Joo, mennään[9] vain.

- Voitko tulla meille[8] illalla? Minna ja Katjukin tulevat.
- Kiva. Tuonko viiniä ja juustoa?
- Joo, kiva.

MISTÄ TE PUHUTTE?

- Hei, mistä te puhutte?
- Puhumme siitä uudesta amerikkalaisesta filmistä.
- Mistä filmistä?
- Siitä scifistä.

Tien kysyminen

Miten pääsen...?
Meneekö tämä bussi...?
Pääseekö tällä bussilla...?
Millä bussilla, junalla, raitiovaunulla pääsee...?
Miltä laiturilta lähtee...?
Missä on...?

Kysymyssanat

Miten pääsen Espooseen?
Miten voin auttaa?
Missä sinä asut?
Mitä sinä pidät Helsingistä?
Mitä mieltä olet tästä asiasta?
Mistä te puhutte?
Mitä saa olla?
Tulee**ko** muuta?

Huomautuksia

1) *olla*-verbin kohtelias muoto (konditionaali)

olisin	*olisimme*
olisit	*olisitte*
olisi	*olisivat*

Tässä **olisi** *myös suomalaista homejuustoa.*

2) *ja* negatiivisesti

ja en	→	*enkä*
ja et	→	*etkä*
ja ei	→	*eikä*
ja emme	→	*emmekä*
ja ette	→	*ettekä*
ja eivät	→	*eivätkä*

Opiskelen suomea **enkä** *tiedä, mitä tämä sana tarkoittaa.*
Hän ei puhu suomea **eikä** *ruotsia.*
En puhu **enkä** *ymmärrä kiinaa.*

3) Sanan merkitys

Kun halutaan sanoa jonkin sanan merkitys toisella kielellä, käytetään ***ksi***-muotoa.

— *Mitä tämä sana on englanni***ksi***?*
— *Mikä sana?*
— *Aurinko.*
— *Se on 'sun' englanni***ksi***.*

4) Negatiivisessa lauseessa ei ole *kin*, vaan *kaan/kään*.

— *Minä en ymmärrä, mitä tässä lukee. Ymmärrätkö sinä?*
— *Ei, en minä***kään*** *ymmärrä.*

Vrt. *Minä puhun englantia. – Puhutko sinä***kin*** *englantia?*

5) Miten ilmaisen mielipiteen?
Kun kerrotaan mielipide, tekijä on **sta/stä**-muodossa.

— *Minusta kesä on paras vuodenaika. Mikä sinusta on paras vuodenaika?*
— *Minusta kevät on paras vuodenaika.*

6) Miten ilmaisen mielipiteen?

Mitä pidät = Mitä ajattelet + **sta/stä**

Mitä pidät Helsingistä? = Mitä ajattelet Helsingistä.

Voit kysyä myös näin:
Mitä mieltä olet = Mitä ajattelet + **sta/stä?**
Mitä mieltä olet Helsingistä.

7) *Kävelette puistotietä.*
Postposition *pitkin* kanssa käytetään partitiivia, esim. *puistotietä pitkin*. Sana *pitkin* voidaan jättää myös pois, jolloin käytetään vain partitiivia.

Kävelette puistotietä. = *Kävelette puistotietä pitkin.*

8) Seuraavat sanat ovat liikeverbien kanssa *l*-sijassa.

Mihin?	lounaalle	lomalle	mökille	maalle	meille
Missä?	lounaalla	lomalla	mökillä	maalla	meillä
Mistä?	lounaalta	lomalta	mökiltä	maalta	meiltä

9) Kehotus
Kun haluamme mennä yhdessä, sanomme: **Mennään.**

Sanatyypit

	as/äs
N	lounas
P	lounasta
Vartalo	**lounaa-**
Ill.	lounaaseen
In.	lounaassa
El.	lounaasta
All.	lounaalle
Ad.	lounaalla
Abl.	lounaalta

Muita: pats**as**, vier**as**, sair**as**, er**äs**

		si	
N		uu**si**	Onko tämä kirja uusi?
P		uutta	Pöydällä on 2 uutta kirjaa.
Vartalo		uu**de**-	
Ill.		uuteen	He muuttavat uuteen kotiin.
In.		uudessa	Viihdytkö uudessa työpaikassa?
El.		uudesta	Puhutko siitä uudesta filmistä?
All.		uudelle	Meneekö tämä bussi uudelle bussiasemalle?
Ad.		uudella	Uudella bussiasemalla on 3 kioskia.
Abl.		uudelta	Bussi 51 lähtee uudelta bussiasemalta.

Muita: vuo**si**, kuukau**si**, kä**si**, vii**si**, kuu**si**, su**si**, to**si**, täy**si**

Sanan *vasen* taivutus on poikkeuksellinen:

N	vasen
Vartalo	vase**mma**-
Mihin?	Vasemmalle.
Missä?	Vasemmalla.
Mistä?	Vasemmalta.

Käännytte vasemmalle ja sitten oikealle. Oikealla puolella on kanava ja vasemmalla puolella on kirkko.

Lauseoppia

Yleistävä lause

Jos subjekti = kuka tahansa, subjektisanaa ei ole ja verbi on hän-persoonassa (geneerinen eli yleistävä lause).

Pääseekö tällä bussilla Lauttasaareen?
Pääseekö Helsingistä laivalla Pietariin?
Saako täällä tupakoida?
Jos on sairas, ei saa tulla työhön.

Sanajärjestys
Epäsuora kysymyslause

Epäsuora *ko/kö*-lause alkaa suoraan kysyvällä sanalla, kuten suorakin kysymyslause.

Tiedättekö, meneekö tämä bussi Lauttasaareen.

Mikä sija?

1) **puhua** + P	Puhutteko englantia?
2) **puhua** + **sta/stä**	puhua asiasta
	Hän puhuu aina rahasta.
	Suomalaiset puhuvat aina säästä.
	En halua puhua siitä asiasta.
pitää + **sta/stä**	Pidän kesästä, auringosta, kiinalaisesta ruoasta, rokista ja saunasta.
opiskella + P	Opiskelen suomea.

1) **katsoa** + **sta/stä** = etsiä

                             Jos emme ymmärrä, katsomme sanakirjasta.

2) **katsoa** + P   Katson illalla televisiota.

Kappale 5

– Mitä sinä teet?
– Luen lehteä.

– Saanko ottaa tämän lehden?
– Juu voit ottaa sen.

– Juotko kahvia?
– Kiitos, kyllä.

Akkusatiivi
n

Nominatiivi	Vartalo	Akkusatiivi
omena	omena-	omena**n**
kukka	kuka-	kuka**n**
lippu	lipu-	lipu**n**
tyttö	tytö-	tytö**n**
velka	vela-	vela**n**
halpa	halva-	halva**n**
äiti	äidi-	äidi**n**
kenkä	kengä-	kengä**n**
hinta	hinna-	hinna**n**
silta	silla-	silla**n**
parta	parra-	parra**n**
lasi	lasi-	lasi**n**
suuri	suure-	suure**n**
uusi	uude-	uude**n**
huone	huonee-	huonee**n**
nainen	naise-	naise**n**
lounas	lounaa-	lounaa**n**
puhelin	puhelime-	puhelime**n**

Demonstratiivipronominit ja *mikä*:

N	Akkusatiivi
tämä	tämän
tuo	tuon
se	sen
Mikä?	Minkä?

Akkusatiivi on objektin sijamuoto yksikössä.

Objekti

Subjekti	**Predikaatti**	**Objekti**
Minä	haluan	tuon sanakirjan.
	Otatko	omenan?
Kaisa	ostaa	uuden television.
Kaisa	juo	kahvia.

Objektin sijamuoto voi olla **partitiivi**, **akkusatiivi** tai **nominatiivi**.

A) Objekti on **partitiivissa**, kun

1. lause on **negatiivinen**
   Etkö halua omenaa?
   En löydä kynää.
   Emme lue tätä kappaletta vielä tänään.
   Minä en ymmärrä tätä tekstiä.

2. objekti on **ainesana**
   Haluatko kahvia?
   Voinko saada vettä?
   Saammeko jotakin mietoa viiniä?
   Ostan suklaata.

3. lause on **prosessi**
   Luen tavallisesti lehteä samalla, kun syön aamiaista.
   Luetko vielä sitä samaa kirjaa?
   Kuinka kauan kirjoitat tuota kirjettä?
   Marja rakastaa Pekkaa.

B) **Tulos**objekti on **akkusatiivissa**,

1. kun objekti on **yksikössä**

Hän avaa ikkuna**n**.

Haluan oma**n** puhelime**n**.

Syön ensin aamiaise**n** ja luen sitten lehde**n**.

Vien kirjee**n** postiin.

Huom! Kun objekti on esine tai mitta + ainesana, **esine on akkusatiivissa** ja **ainesana partitiivissa**:

Otan kupi**n** kahvi**a**.

Haluatko lasi**n** viini**ä**?

C) **Tulos**objekti on **nominatiivissa**,

1. kun objekti on **monikossa**.

Hän avaa ikkuna**t**.

Vien kirjee**t** postiin.

Pesen astia**t** ja vien sitten roska**t** ulos.

Tunnetko Lahtise**t**?

2. kun objekti on **numero + nomini** (substantiivi tai adjektiivi). Numero on nominatiivissa ja nomini partitiivissa.

Haluan **kaksi** voileip**ää**. Haluan **kaksi** iso**a** voileip**ää**.

HALUATKO JOTAKIN?

– Haluatko jotakin? Minä syön omenan.
– Voin ottaa banaanin.

– Minä syön kalaa. Mitä sinä syöt?
– Minä otan lihaa.

– Haluatko juoda jotakin? Minä juon maitoa.
– Minä juon vettä.

– Haluatko juoda tai syödä jotakin?
– Kiitos, en halua mitään.

- Sinä olet väsynyt. Tarvitset kahvia.
- Niin tarvitsen. Voitko keittää kahvia?
- Voin. Minäkin haluan kahvia.

- Tarvitsen uudet kengät.
- Minäkin tarvitsen uudet kävelykengät.

MITÄ SINÄ TEET?

- Mitä sinä teet illalla?
- Luen kirjaa tai katson televisiota.

- Käytätkö tätä tietokonetta vielä?
- Ei, en käytä sitä enää.

HALUAN AUTON.

- Haluan ostaa auton.
- Millaisen auton?
- Jaguarin. Ison vihreän Jaguarin.

LUETKO TÄTÄ?

- Aiotko lukea kaikki[1] nuo lehdet?
- En ole varma, mutta tämän lehden aion lukea varmasti.
- Luetko vielä tätä lehteä?
- En lue. Voit ottaa sen.

TUNNETKO KAISAN?

- Tunnetko Kaisan?
- Ei, en tunne häntä.

MILLOIN SIIVOAT?

- Milloin sinä siivoat keittiön?
- Siivoan, kun ehdin. Ensin pesen astiat.

VOITKO AUTTAA?

- Voitko auttaa minua?
- En nyt juuri. Kirjoitan kirjettä.
- Entä myöhemmin? Kirjoitatko sitä vielä kauan?
- En kai. Kirjoitan ensin tämän kirjeen ja autan sitten sinua.

MINÄ RAKASTAN SINUA.

- Minä rakastan sinua. Rakastatko sinä minua?
- Totta kai minä rakastan sinua.

Persoonapronominit ja *kuka* akkusatiivissa:

Nominatiivi	Akkusatiivi
minä	minut
sinä	sinut
hän	hänet
me	meidät
te	teidät
he	heidät
Kuka?	Kenet?

MUISTATKO?

- Hei Marja. Muistatko minut?
- Totta kai minä muistan sinut. Mitä sinulle kuuluu?
- Kiitos hyvää vain. Entä itsellesi?
- Ihan hyvää kiitos. Muistatko Annen?
- Hmmm Anne? Kuka Anne?
- Anne Virtanen.
- Ai niin, nyt muistan hänet. Olimme samalla kurssilla.
- Minä näen häntä aika usein. Käymme silloin tällöin yhdessä lounaalla.
- Vai niin. Olisi hauska tavata.
- Me näemme ensi lauantaina kello yksi. Sinäkin voit tulla. Olemme ravintola Haavissa.
- Ehkä tulen. Minä mietin asiaa.
- Joo, se olisi hauskaa. Nähdään. Hyvää jatkoa.
- Kiitos samoin. Hei hei.

Mitä teen?

Herään joka aamu kello kahdeksan. Avaan radion, koska haluan kuulla heti uutiset. Nousen kello yhdeksän. Käyn suihkussa ja pesen tukan. Sitten puen vaatteet päälle ja sijaan sängyn.

Menen keittiöön. Panen kattilaan kananmunan ja vettä. Panen kattilan hellalle. Syön munan, juustoa, kaksi voileipää ja tomaatin. Juon appelsiinituoremehua ja kahvia. Juon kupin kahvia. En syö makkaraa enkä juo teetä.

Samalla kun syön aamiaista, luen lehteä. Luen lehden ja panen sen sitten telineeseen. Vien kupin, lasin ja lautasen astianpesukoneeseen. Sitten vien koiran ulos lenkille.

Panen paperit, kirjat ja kynät kassiin ja kello kymmenen lähden työhön. Työpäivä on joskus pitkä, varsinkin talvella, kun on pimeää. Työssä kirjoitan, luen, vastaan puhelimeen[2], soitan puhelimella[2] ja autan, jos joku tarvitsee apua.

Noin puoli seitsemän lähden työstä kotiin. Kotimatkalla ostan maitoa, leipää, voita, makkaraa, juustoa ja suklaata. Tarvitsen myös pesupulveria, sampoota ja hammastahnaa. Kotona teen ensin ruokaa, syön ja luen sitten jotakin. Illalla katson televisiota, syön juustoa ja juon viiniä.

Lomalla harrastan ulkoilua. Pidän uimisesta ja hiihtämisestä, ja lukeminen on tietysti kesälläkin kivaa[3].

Keskustelua

KAHVILASSA

— Päivää.
— Päivää.
— Saanko juustosämpylän ja kahvia?
— Olkaa hyvä. Tuleeko muuta?
— Sokeria?
— Sokeri on tuolla tiskillä. Saako olla vielä muuta?
— Ei kiitos.
— Kiitos.

RAVINTOLASSA

T = tarjoilija, R = Risto, P = Pirkko, K = Kaisa

T: Päivää. Tervetuloa.
R: Kiitos. Onko teillä tilaa? Meitä[4] on kolme.
T: On kyllä. Täällä, olkaa hyvä. Syöttekö jotakin?
R: Kiitos, luulen, että me juomme vain lasin viiniä tai olutta. Minä ainakin otan ison tuopin keskiolutta.
P: Minä taidan[5] ottaa kupin kahvia.
K: Minä otan lasin valkoviiniä.
T: Kiitos. (Hetken kuluttua) Olkaa hyvä. Se on yhteensä 13 euroa.
R: Kiitos. Minä maksan. Voinko maksaa visalla[6]?
T: Juu. Kiitos.

RAVINTOLASSA

T = tarjoilija, P = Pirkko, K = Kaisa

T: Päivää.
P: Päivää. Saammeko ruokalistan?
T: Tässä, olkaa hyvä. Haluatteko ensin jotakin juotavaa[7]?
P: Juu. Minä taidan[5] ottaa lasin punaviiniä. Entä sinä?
K: Minä otan vain vettä.
P: Jaa-a. Mitäs[8] ruokalistalla nyt sitten on?
K: Minä luulen, että otan lohta. Minä pidän kalasta.
P: Ai, minä en pidä kalasta. Haluan lihaa. Otan pippuripihvin. Otammeko salaattia?
K: Joo. Minä ainakin otan salaattia.
P: Kiitos samoin.
T: Kiitos.

(Hetken kuluttua)

P: Saammeko laskun?
T: Maksatteko yhdessä?
P: Ei vaan erikseen, kiitos, ja käteisellä[6].

T: Hetkinen. (Hetken kuluttua) Lohi ja salaatti oli 24 euroa ja pippuripihvi ja salaatti 28 euroa.
K: Voi, käteinen ei riitä. Voinko maksaa pankkikortilla?
T: Juu. Kiitos.

RAVINTOLASSA

T = tarjoilija, M = mies, N = nainen

T: Päivää, tervetuloa.
M: Kiitos.
T: Haluatteko syödä jotakin?
M: Kyllä kiitos. Saammeko ruokalistan?
T: Olkaa hyvä. Otatteko jotakin juotavaa[7] ensin?
N: Minä otan vettä.
M: Minä otan keskiolutta. Jaaha, mitäs täällä ruokalistalla on? Mikä on hyvää tänään?
T: Kala on tänään hyvää.
N: Minä otan kalaa ja salaattia.
M: Minä otan kyllä lihaa, ehkä pihvin. Kestääkö sen valmistaminen kauan?
T: Noin puoli tuntia.
M: No, se sopii.
(Hetken kuluttua)
T: Maistuuko?
N: Oikein hyvää.

M: Juu, tämä pihvikin on oikein hyvä. Saammeko sitten laskun.
T: Kiitos. Hetkinen.
(Hetken kuluttua)
T: Neljäkymmentäkaksi euroa, olkaa hyvä.
M: Voinko maksaa visalla[6]?
T: Kyllä.

KAUPASSA

– Anteeksi, en löydä sinappia.
– Se on tuolla alahyllyllä.
– Entä sokeri?
– Se on tuolla ylähyllyllä.
– Kiitos.

KASSALLA

– Maksatteko käteisellä[6]?
– Ei vaan kortilla[6].

POSTISSA

– Haluan lähettää tämän paketin Viroon.
– Voitteko täyttää ensin pakettikortin?
– Sitten tarvitsen vielä postimerkin Kanadaan.

– Saanko yhden tavallisen kirjemerkin Eurooppaan.
– Tässä. Tuleeko muuta?
– Ei, tai oikeastaan taidan[5] ottaa myös tuollaisen merkkikokoelman.
– Minkä? Tässä on monta erilaista.
– Otan sen luontoaiheisen.
– Olkaa hyvä. Kymmenen ja viisitoista.

Lukusanojen taivutus

Lukusanat *yksi* ja *kaksi* taipuvat seuraavasti:

N	yksi
P	yhtä
Vartalo	**yhde-**
Ill.	yhteen
In.	yhdessä
El.	yhdestä
All.	yhdelle
Ad.	yhdellä
Abl.	yhdeltä

Lukusanat *kolme* ja *neljä* taipuvat kuten *talo*. Lukusanat *viisi* ja *kuusi* taipuvat kuten *uusi*.

Lukusanat *seitsemän, kahdeksan* ja *yhdeksän* ja *kymmenen* taipuvat muuten samoin, mutta lukusanalla *kymmenen* on erilainen partitiivi:

N	seitsemän	kymmenen
P	seitsemää	kymmentä
Vartalo	**seitsemä-**	**kymmene-**
Ill.	seitsemään	kymmeneen
In.	seitsemässä	kymmenessä
El.	seitsemästä	kymmenestä
All.	seitsemälle	kymmenelle
Ad.	seitsemällä	kymmenellä
Abl.	seitsemältä	kymmeneltä

Vain lukusanalla *yksi* on akkusatiivi. Kun jokin muu lukusana on objekti, se on aina nominatiivissa.

Puhekielessä vastataan kysymykseen *Mihin aikaan?* yleensä vain lukusanan **lta/ltä**-muodolla ilman *kello*-sanaa.

Mihin aikaan?	=	Mone**lta**?
kello yksi	=	yhde**ltä**
kello kaksi	=	kahde**lta**
kello kolme	=	kolme**lta**
kello neljä	=	neljä**ltä**
kello viisi	=	viide**ltä**
kello kuusi	=	kuude**lta**

Mone**lta** se elokuva alkaa? = Mihin aikaan se elokuva alkaa?
Se alkaa viide**ltä**. = Se alkaa kello viisi.

MONELTA?

– Mitä kello on? Monelta se juna lähtee?
– Kello on vasta viisi. Juna lähtee kahdeksalta. Ei ole kiire vielä.
– No, hyvä.

– Tuletko sinä siihen kokoukseen?
– Mihin kokoukseen? Ai niin joo, se kokous. Monelta se on?
– Se alkaa kuudelta.
– No, kai minä tulen.

Ravintolassa ja kahvilassa

Tuleeko muuta? / Saako olla vielä muuta?
Onko teillä tilaa?
Meitä on kaksi.
Juotteko jotakin? = Haluatteko jotakin juotavaa?
Syöttekö? = Haluatteko jotakin syötävää?
Saammeko ruokalistan?
Saammeko laskun?
Maksamme erikseen.
Voinko maksaa visalla/pankkikortilla.
Maksan käteisellä.

Kysymyssanat

Mitä sinä harrastat?
Mistä sinä pidät?
Millaisen auton haluat?
Mitäs täällä on?

Huomautuksia

1) *kaikki*
Monikon nominatiivi: *kaikki*
kaikki nuo lehdet

2) *puhelimeen – puhelimella – puhelimessa*
*Vastaan puhelime**en**.*
*Soitan puhelime**lla**.*
*Puhun puhelime**ssa**.*

3) *minen*-substantiivi lauseen subjektina.
Kun ***minen***-substantiivi on lauseen subjekti, predikatiivi on tavallisesti partitiivissa.
*Lukeminen on kiva**a**.*
*Uiminen on ihana**a**.*

4) Kuinka monta?
Kun kerromme, kuinka suuri jokin joukko on, käytämme monikon partitiivia.
Meitä on kolme.
Huom! Kun numero on substantiivin edessä, täytyy aina käyttää yksikön partitiivia: *Huoneessa oli kolme ihmis**tä**.*

5) Verbi *taitaa* + infinitiivi
Verbi ilmaisee puhujan kannanottoa ja tarkoittaa lähes samaa kuin *luulen, että...*

Taidan lähteä.	=	*Luulen, että lähden.*
En taida tuntea Teitä.	=	*Luulen, että en tunne Teitä.*
Taidat myöhästyä.	=	*Luulen, että myöhästyt.*
Taitaa tulla sade.	=	*Luulen, että tulee sade.*
Emme taida ehtiä.	=	*Luulen, että emme ehdi.*
Te taidatte jo osata tämän.	=	*Luulen, että osaatte jo tämän.*
He taitavat nukkua jo.	=	*Luulen, että he nukkuvat jo.*

6) Väline
Kun teemme jotakin välineellä ja kerromme, millä välineellä, käytämme **lla/llä** -sijamuotoa.
*Maksan visa**lla**.*
*Maksatteko käteise**llä**?*
*Soitan puhelime**lla**.*

*Syön lusika**lla**.*
*Kirjoitan tietokonee**lla**.*

7) *juotavaa – syötävää*

juotavaa = jotakin, mitä voi juoda
syötävää = jotakin, mitä voi syödä

8) Pehmennys

s kysymyspronominin lopussa on tuttavallinen ja pehmentää kysymystä: *Mitäs täällä on?*

Sanatyypit

	in	
N	puhe**in**	ava**in**
P	puhelinta	avainta
Vartalo	puhel**ime**-	ava**ime**-
Akk.	puhelimen	avaimen
Ill.	puhelimeen	avaimeen
In.	puhelimessa	avaimessa
El.	puhelimesta	avaimesta
All.	puhelimelle	avaimelle
Ad.	puhelimella	avaimella
Abl.	puhelimelta	avaimelta

Muita: kirja**in**, lask**in**, tulost**in**, valais**in**, näppä**in**

	us/ys	
N	koko**us**	kysym**ys**
P	kokousta	kysymystä
Vartalo	koko**ukse**-	kysym**ykse**-
Akk.	kokouksen	kysymyksen
Ill.	kokoukseen	kysymykseen
In.	kokouksessa	kysymyksessä
El.	kokouksesta	kysymyksestä
All.	kokoukselle	kysymykselle
Ad.	kokouksella	kysymyksellä
Abl.	kokoukselta	kysymykseltä

Muita: vasta**us**, kesk**us**, rakenn**us**

	e-sanat astevaihtelussa	
N	vaate	koe
P	vaatetta	koetta
Vartalo	vaattee-	kokee-
Akk.	vaatteen	kokeen
Ill.	vaatteeseen	kokeeseen
In.	vaatteessa	kokeessa
El.	vaatteesta	kokeesta
All.	vaatteelle	kokeelle
Ad.	vaatteella	kokeella
Abl.	vaatteelta	kokeelta

Muita: tiede, taide, luonne, murre, sade, osoite

Sananmuodostusta

Verbaalisubstantiivi
minen

Voimme tehdä verbistä substantiivin seuraavasti.

Verbin he-persoonan vartalo + **minen**

lukea	lukevat	→	luke-	→	luke**minen**
hiihtää	hiihtävät	→	hiihtä-	→	hiihtä**minen**
uida	uivat	→	ui-	→	ui**minen**
luistella	luistelevat	→	luistele-	→	luistele**minen**

MITÄ SINÄ HARRASTAT?

– Mitä sinä harrastat? Mistä pidät?
– Minä pidän nukkumisesta.
– No niin, mutta kun nukkuminen ei enää ole kivaa, mistä sinä silloin pidät.
– Eniten minä kai pidän luistelemisesta, mutta sitä ei voi tehdä kesällä. Marjastaminen ja sienestäminen on minusta aika mukavaa kesällä.
– Minusta uiminen on ihanaa. Pidän myös kävelemisestä. Kävelen paljon koiran kanssa.

Mikä sija?

n + kanssa   Kävelen paljon koira**n** kanssa.

Kappale 6

– Kenen tämä lehti on?
– Se on minun.

– Kenellä on iltalehti?
– Minulla on.

Genetiivi
n

Nominatiivi	Vartalo	Genetiivi
Markku	Marku-	Marku**n**
lippu	lipu-	lipu**n**
Riitta	Riita-	Riita**n**
joki	joe-	joe**n**
leipä	leivä-	leivä**n**
katu	kadu-	kadu**n**
sänky	sängy-	sängy**n**
Islanti	Islanni-	Islanni**n**
Itävalta	Itävalla-	Itävalla**n**
virta	virra-	virra**n**
suuri	suure-	suure**n**
uusi	uude-	uude**n**
huone	huonee-	huonee**n**
Nieminen	Niemise-	Niemise**n**
lounas	lounaa-	lounaa**n**
puhelin	puhelime-	puhelime**n**
rakennus	rakennukse-	rakennukse**n**

Genetiivi kertoo, kuka on omistaja (*Saanko esitellä? Tässä on Kaisan äiti*). Genetiiviä käytetään myös monien postpositioiden kanssa (*Käyn koiran kanssa ulkona*).

Persoonapronominit genetiivissä

minä	mi**n**u**n**
sinä	sinu**n**
hän	häne**n**
me	mei**dän**
te	tei**dän**
he	hei**dän**

Demonstratiivi- ja kysymyspronominit genetiivissä

tämä	tämä**n**
tuo	tuo**n**
se	se**n**
kuka	kene**n**
mikä	mi**n**kä

Kysymyspronomini *kuka*

N	kuka	Kuka tuo mies on?
P	ketä	Ketä Kaisa rakastaa?
VARTALO	**kene-**	
Akk.	kenet	Kenet haluatte tavata?
G	kenen	Kenen tämä sanakirja on?
Ill.	keneen/kehen	
In.	kenessä	
El.	kenestä	Kenestä te puhutte?
All.	kenelle	Kenelle kirjoitat?
Ad.	kenellä	Kenellä on sanakirja?
Abl.	keneltä	Keneltä tuo kirje on?
Mon. N	ketkä	Ketkä lähtevät mukaan?

NAIMISISSA

– Hei, tunnetko tuon miehen, joka puhuu Maijan kanssa?
– Joo-o. Hän on Maijan mies.
– Mitä? Onko Maija naimisissa[1]?
– Joo, tai siis avomies. Eivät he ole naimisissa, vaan avoliitossa[1].

KENEN NÄMÄ OVAT?

– Kenen nämä paperit ovat?
– En minä tiedä. Jos ne ovat Pekan. Pekka aina unohtaa kaikki.
– Ei. Nämä eivät voi olla Pekan. Tämä ei ole Pekan käsialaa.
– Ai, niin onkin[2]. Nämähän[3] ovat minun. Kiitos vain.

MITÄ TÄMÄ TARKOITTAA?

– Mitä tämä tarkoittaa: "Helsinki, Itämeren tytär."
– Se on romaanin nimi. Se on Maila Talvion romaani.
– Mistä se kertoo?
– Se kertoo Helsingin historiasta.

MINKÄ MAAN PÄÄKAUPUNKI?

– Muistatko, mikä Itävallan pääkaupunki on?
– Se on Wien.
– Minkä maan pääkaupunki Vilna on?
– Se on Liettuan pääkaupunki.

LIPUN VÄRIT

– Mitkä ovat Suomen lipun värit?
– Ne ovat sininen ja valkoinen.
– Entä Ruotsin?
– Sininen ja keltainen.

Relatiivipronomini *joka*

N	joka	Tyttö, joka puhuu, on Kaija.
P	jota	Tyttö, jota Pekka rakastaa, on Piia.
Vartalo	jo-	
Akk.	jon<u>ka</u>	Talo, jonka näet, on kirkko.
G	jon<u>ka</u>	Mies, jonka auto on rikki, on Matti.
Ill.	johon	Talo, johon menemme, on museo.
In.	jossa	Talo, jossa asun, on vanha.
El.	josta	Maa, josta hän on kotoisin, on Aasiassa.
All.	jolle	Tyttö, jolle Pekka antaa suukon, on Piia.
Ad.	jolla	Mies, jolla on vaalea tukka, on Kari.
Abl.	jolta	Mies, jolta tyttö saa suukon, on Pekka.
Mon. N	jot<u>ka</u>	Lapset, jotka uivat, ovat Karin.

Helsingin keskusta

Suomen pääkaupunki on Helsinki. Helsingin vanhassa keskustassa on kaksi suurta toria, Kauppatori ja Senaatintori, jonka vanha nimi on Suurtori. Senaatintorin ympärillä on monta kaunista, vanhaa rakennusta. Keskellä on Aleksanteri II:n patsas.

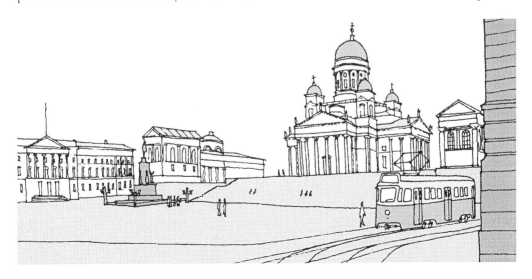

Patsaan takana on Tuomiokirkko eli Nikolain kirkko. Tuomiokirkon vasemmalla puolella on yliopiston päärakennus ja yliopiston kirjasto. Tuomiokirkon oikealla puolella on valtioneuvoston rakennus. Tuomiokirkon takana on Suomen pankki. Suomen pankin vieressä on Suomen kansallisarkisto.

– Kenellä on sanakirja mukana?
– Minulla on.

Omistusstruktuuri

Leena**lla** + **on** + koira.
Jyrki**llä** + **on** + auto.
Onko + Leena**lla** + koira?
Onko + Jyrki**llä** + auto?

Kenellä on sanakirja?
Onko sinu**lla** sanakirja?
Minu**lla on** pieni sanakirja.

Leena**lla** + **ei ole** + koira**a**.
Jyrki**llä** + **ei ole** + auto**a**.
Eikö + Leena**lla ole** koira**a**?
Eikö + Jyrki**llä ole** auto**a**?

– **Eikö** sinu**lla ole** tulostin**ta**?
– Ei, minu**lla ei ole** tulostin**ta**.

Kun kerromme, kenellä on jotakin, henkilö, jolla on jotakin, on *lla/llä*-muodossa, verbi on muodossa *on* tai *ei ole*. Se, mitä henkilöllä on, on nominatiivissa tai partitiivissa.

Positiivinen omistusstruktuuri
Kappalesana nominatiivissa

Minulla oli koira.
Sinulla on uudet silmälasit.
Hänellä on tumma tukka.
Kaisalla on siniset silmät.
Meillä on viisi huonetta.
Teillä on kaunis koti.
Heillä on faksi.

Ainesana ja abstrakti sana partitiivissa

– Onko sinulla teetä?
– Ei, minulla on vain kahvia.

– Onko sinulla aikaa?
– Ei, minulla ei ole nyt aikaa.

– Onko teillä rahaa?
– Ei, meillä ei ole nyt rahaa.

Negatiivinen omistusstruktuuri partitiivi

Kaisalla ei ole koiraa.
Meillä ei ole faksia.

Aina nominatiivi – myös negatiivisessa lauseessa
kiire, nälkä, jano, kylmä, lämmin, kuuma

– Onko sinulla nälkä?
– Ei, minulla ei ole nälkä.

– Eikö sinulla ole kylmä? Minulla on kylmä.
– Ei, minulla ei ole kylmä.

KENELLÄ ON?

– Kenen tämä sanakirja on?
– Se on kai Josen, koska se on suomalais-espanjalainen sanakirja.
– Missä Katrin sanakirja on? Hänellä on suomalais-englantilainen sanakirja. Minä tarvitsen suomalais-englantilaisen sanakirjan.
– Katrilla taitaa olla se mukana. Se ei ole täällä nyt.

– Otatko kahvia?
– Ei kiitos, mutta olisiko sinulla teetä?

– Anteeksi, mitähän[4] kello on?
– Voi, minulla ei valitettavasti ole kelloa, mutta luulen, että se on noin viisi.

KATSOMME VALOKUVAA

Tässä on Riitta ja Riitan äiti.
Riitalla on kädessä kamera ja
Riitan äidillä on kukka.

Tässä on Kaisa ja Kaisan ystävä Sabina.
Kaisalla on silmälasit ja Sabinalla on
suuret korvakorut.

Kaijalla on koira. Tässä on Kaija ja Kaijan koira.
Koiran nimi on Musti. Koiralla on pitkä turkki.

Tässä on Maija. Maijalla ei ole koiraa. Maijalla on kissa.
Maijan kissalla on musta turkki.

Tässä on Kari Palonen ja Palosen perhe.
Palosen perheessä on kolme lasta.

Tässä on insinööri Nieminen.
Hänellä ei ole perhettä. Insinööri Niemisellä
on saksalainen auto. Autossa on neljä ovea.

lle- ja lta/ltä-sijat, kun puhumme ihmisestä

Kenelle?

antaa
kertoa
vastata
sanoa
viedä
tuoda
soittaa
ehdottaa   } + lle
sopia
maksaa
lainata
esitellä
lähettää
meilata
myydä
luvata

Vrt.
Vastaan Kaija**lle**.
Vien Mati**lle**.
Soitan Kirsi**lle**.

Vastaan Kaijan kirjee**seen**.
Vien post**iin**.
Soitan pankk**iin**.

Keneltä?

lainata
kysyä
ottaa   } + lta/ltä
saada
ostaa
pyytää

Vrt.
Ostan Mati**lta** auton.
Lainaan kirjan Piia**lta**.

Ostan Veho**sta** auton.
Lainaan kirjan kirjasto**sta**.

– Tulen huomenna Helsinkiin aamujunalla. Olisi kiva tavata.
– Joo, mihin aikaan tulet? Voitko lähettää minulle tekstiviestin, kun olet Helsingissä?
– OK! Saat minulta tekstarin, kun juna on asemalla.

– Hei, Niina tässä. Miten menee?
– Kiitti, ihan kivasti. Mitäs sinä?
– Minä tarvitsen Katrin sähköpostiosoitteen. Onko sinulla se?
– On joo. Voin meilata sen sinulle.
– Ihanaa. Kiitos.

VOITKO LAINATA?

- Onko sinulla rahaa? Voitko lainata minulle viisikymmentä euroa?
- Minulla on vain kaksikymmentä.
- Ai. No minä kysyn Katrilta. Ehkä voin lainata häneltä.

- Hei, voitko lainata minulle vähän rahaa?
- Minulla on vain sata euroa. Kuinka paljon tarvitset?
- Voitko antaa minulle kymmenen euroa?
- Voin. Ole hyvä!
- Kiitos. Sopiiko, että maksan sinulle takaisin perjantaina?
- Kyllä se sopii.

TUNNETKO TUON MIEHEN?

- Tunnetko tuon miehen, jonka kanssa Markku puhuu?
- Ai, tuonko, jolla on vaalea tukka, siniset silmät, valkoinen pusero ja mustat housut?
- Niin.
- Tunnen. Hän on Kaijan mies. Minä voin esitellä sinut hänelle.
- Ai, onko Kaija naimisissa?
- Joo, on.

Tavallinen suomalainen mies

Kari Palonen on tavallinen suomalainen mies. Hän on 45 vuotta vanha. Hän on 173 senttiä pitkä, ja hänellä on vaalea tukka. Kari on yksityisyrittäjä. Hänellä on atk-firma. Asiakkaat, jotka tarvitsevat tietokoneen, printterin, modeemin tai neuvoa tietokoneen käytössä, tulevat Karin firmaan tai soittavat Karille. Karilta saa myös neuvoa sähköpostin ja verkon käytössä.

Kari Palosella on myös perhe: vaimo, kolme lasta ja koira. Karin vaimo, Kerttu, on sairaanhoitaja. Kerttu on työssä terveyskeskuksessa. Nuorin[5] lapsi, Tea, käy vielä koulua. Kai opiskelee fysiikkaa Teknillisessä korkeakoulussa ja vanhin[5], Anni, on jatko-opiskelija yliopistossa. Annin pääaine on venäjän kieli. Annista[6] tulee kääntäjä.

Kesällä Paloset[7] menevät viikonloppuna maalle, kesämökille, joka on meren rannalla. Kesämökillä Paloset rentoutuvat. Kertulla on tavallisesti mukana kirja, jota hän lukee pihalla kauniilla ilmalla. Kari käy lenkillä koiran kanssa. Lapset lukevat, uivat ja kalastavat. Koirakin ui.

Kesämökillä on tietysti myös sauna, jonka Paloset lämmittävät melkein joka ilta.
Saunan jälkeen Paloset juovat kahvia ulkona pihalla tai saunan terassilla.
Sunnuntaina Paloset palaavat kaupunkiin.

Vuosi, kuukausi, viikko, vuorokausi...

Milloin alkaa uusi vuosi?
Mikä vuosi nyt on?
Vuoden ensimmäinen kuukausi on tammikuu.
Tammikuun ensimmäinen päivä on uudenvuodenpäivä.
Kuinka monta päivää kuukaudessa on?
Vuorokausi on 24 tuntia.
Vuorokaudessa on aamu, päivä, ilta ja yö.

Vuodenajat Suomessa

Kevät tulee Suomeen huhtikuussa ja kesä kesäkuussa. Syksy alkaa jo syyskuussa ja talvi marraskuussa.

Keväällä aurinko paistaa iloisesti ja muuttolinnut palaavat etelästä Suomeen. Kun lumi sulaa ja jäät lähtevät, puut ja pensaat saavat lehdet, ja kukat alkavat kukkia.

Kesällä päivät ovat pitkät ja yöt lyhyet. Pohjoisessa, Lapissa, aurinko ei laske ollenkaan kesällä. Kesä on siellä kuin pitkä päivä. Kesällä ihmiset uivat, kalastavat ja veneilevät. Heinäkuu on Suomessa lomakuukausi.

Syksyllä on ruska. Puut ovat kauniit. Syksyllä sataa vettä ja tuulee. Syksyllä suomalaiset menevät metsään, sieneen[8] ja marjaan[8].

Talvella päivät ovat lyhyet ja yöt pitkät. Lapissa on kaamos, mikä tarkoittaa, että aurinko ei nouse ollenkaan. Talvella on pakkasta ja sataa lunta. Talvella ihmiset hiihtävät ja luistelevat.

Vuodenajat

Mikä vuodenaika?	Milloin?	
kevät	kevää**llä**	
kesä	kesä**llä**	
syksy	syksy**llä**	
talvi	talve**lla**	
Milloin?		
tä**nä** kevää**nä**	viime kevää**nä**	ensi kevää**nä**
tä**nä** kesä**nä**	viime kesä**nä**	ensi kesä**nä**
tä**nä** syksy**nä**	viime syksy**nä**	ensi syksy**nä**
tä**nä** talve**na**	viime talve**na**	ensi talve**na**

Vuorokaudenajat

Mikä vuorokaudenaika?	**Milloin?**
aamu	aamu**lla**
päivä	päivä**llä**
ilta	illa**lla**
yö	yö**llä**
Milloin?	
tä**nä** aamu**na**	seuraava**na** aamu**na**
tä**nä** päivä**nä**	seuraava**na** päivä**nä**
tä**nä** ilta**na**	seuraava**na** ilta**na**
tä**nä** yö**nä**	seuraava**na** yö**nä**

Vuosi

Mikä vuosi?	**Milloin?**	
Vuosi 1998	Vuo**nna** 1998	
Minä **vuonna?**		
tä**nä** vuo**nna**	viime vuo**nna**	ensi vuo**nna**

Viikko

Mikä viikko?	**Milloin?**
Ensi viikko	Ensi viiko**lla**
Millä viikolla?	
tä**llä** viiko**lla**	viime viiko**lla**

Kuukausi

Mikä kuukausi?	**Milloin?**	
Helmikuu	Helmikuu**ssa**	
Missä **kuussa?**		
tammikuu**ssa**		
tä**ssä** kuu**ssa**	viime kuu**ssa**	ensi kuu**ssa**

Kuukaudet

tammikuu — sydän- eli keskitalvi

helmikuu — helmi, jäähelmet

maaliskuu — maa, maa alkaa näkyä

huhtikuu — huhti eli kaski (uusi pelto)

toukokuu — touko eli peltotyöt

kesäkuu — kesä

heinäkuu — heinä

elokuu — elo eli viljasato

syyskuu — syys eli syksy

lokakuu — loka eli kura ja lika

marraskuu — marras eli kuollut

joulukuu — joulu

Ilmansuunnat

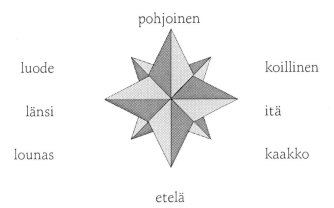

luode — pohjoinen — koillinen
länsi — itä
lounas — etelä — kaakko

Pohjois-Suomi
Itä-Suomi
Etelä-Suomi
Länsi-Suomi

Koillis-Suomi
Kaakkois-Suomi
Lounais-Suomi
Luoteis-Suomi

Keskustelua

PUHELU TERVEYSKESKUKSEEN

— Terveyskeskus.
— Onko ajanvarauksessa?
— On, kyllä. Miten voin auttaa?
— Minulla on vähän kuumetta ja nuha. Olen kai vähän vilustunut. Tarvitsen ajan yleislääkärille[9].
— Onko teillä kurkku kipeä?
— Ei, vain vähän yskää ja päänsärky.
— Ette Te sitten varmaan tarvitse aikaa lääkärille[9]. Jos tulette tänne nyt, niin sairaanhoitaja voi auttaa Teitä. Ja jos tarvitsette todistuksen sairaslomaa varten, saatte senkin sairaanhoitajalta.
— Voinko tulla siis heti?
— Kyllä, sairaanhoitaja päivystää kello kahdeksaan asti.
— Kiitos.
— Kiitos, kuulemiin.

TERVEYSKESKUKSESSA

- Päivää. Minulla on aika tohtori Mäelle kello 13 nimellä Kari Palonen.
- Jaahah, juu. Voitte odottaa käytävässä. Tohtori kutsuu nimellä.

(Hetken kuluttua)

- Palonen.
- Päivää.
- Päivää. Mikähän[4] Teillä on?
- Minulla on korkea kuume, kurkku kipeä ja päätä särkee.
- Avaatteko suun, niin minä katson sitä kurkkua? Juu, kyllä se on punainen. Minä kirjoitan Teille reseptin, ja sitten yritätte juoda lämmintä ja nukkua. Jos tämä ei mene ohi kolmessa päivässä, voitte tulla tänne uudelleen.
- Kiitos.
- Kiitos ja näkemiin.

APTEEKISSA

- Päivää.
- Päivää. Minä otan aspiriinia ja jotain flunssalääkettä, ja sitten minulla on tässä resepti.
- Odotatteko vai tuletteko myöhemmin uudelleen?
- Kestääkö se kauan?
- Noin viisitoista minuuttia.
- Minä tulen uudelleen.

(Hetken kuluttua)

- Minulla on täällä resepti nimellä Palonen.
- Hetkinen. Juu tässä. Tämä on yhteensä 18 euroa. Kiitos.
- Kiitos ja näkemiin.
- Näkemiin.

MILLAINEN OLO SINULLA ON?

- Miten voit? Millainen olo sinulla on nyt? Vieläkö päätä särkee?
- Ei niin paljon, mutta ei minulla kyllä hyvä olo ole.
- Jos yrität nukkua.
- En saa unta enkä halua ottaa unilääkettä.
- Haluatko, että keitän teetä? Lämmin juoma voi helpottaa oloa.
- Joo, se olisi ystävällistä. Kiitos.

Terveys

Minulla on kuumetta.
Minulla on korkea kuume.
Minulla on nuha ja yskä.
Minulla on kurkku kipeä.
Minulla on vatsa kipeä.
Minulla on päänsärky. = Päätäni särkee.
Selkää särkee.
Minulla on hyvä olo.
Minulla on paha/huono olo.
Aika lääkärille: Varaan ajan lääkärille.

Kysymyssanat

Kenen tämä sanakirja on?
Kenellä on sanakirja?
Mitä tämä tarkoittaa?
Mistä se kertoo?
Minkä maan pääkaupunki Vilna on?
Mitkä ovat Suomen lipun värit?
Mitähän kello on?
Sopiiko sinulle?
Miten voin auttaa?
Mikähän Teillä on?
Miten voit?
Millainen olo sinulla on?

Huomautuksia

1) *naimisissa – avoliitossa*
Kun pari on *naimisissa*, liitto on virallinen, *avioliitto*. *Avoliitto* on epävirallinen liitto.

2) *kin*
Liitteellä **kin** on monta merkitystä. Tavallisesti se tarkoittaa samaa kuin *myös*. Kun se on yhdessä verbin kanssa, sen merkitys voi olla 'todellakin', esim. *Niin on***kin** = *Niin todellakin*.

3) *han/hän*
Myös **han/hän**-liitteellä on monta merkitystä. Lauseessa *Nämä***hän** *ovat minun.* liite osoittaa, että tilanne on puhujalle yllätys.

4) han/hän

Lauseissa *Mitähän kello on?* ja *Mikähän Teillä on? han/hän*-liite tekee kysymyksestä pehmeän, kohteliaan.

5) nuorin – vanhin

Liitteellä **in**, tehdään adjektiivista superlatiivi:

nuori → nuor**in**
vanha → vanh**in**

6) sta/stä + tulla

Kun verbin *tulla* kanssa on **sta/stä**-muoto, verbi tarkoittaa asian muuttumista. Esim.
– Häne**stä** tulee opettaja. Mikä sinu**sta** tulee?
– Minu**sta** tulee sairaanhoitaja.

7) Sukunimi monikossa

Sukunimi on monikossa, kun puhutaan perheestä: *Paloset menevät maalle.*

8) sieneen – marjaan – kalaan

mennä sieneen	olla sienessä	= sienestää
mennä marjaan	– olla marjassa	= marjastaa
mennä kalaan	– olla kalassa	= kalastaa

9) lääkärille

Mihin? Lääkärille.
Missä? Lääkärillä.
Mistä? Lääkäriltä.

Sanatyypit

	is	
N	kaun**is**	kall**is**
P	kaunista	kallista
Vartalo	**kaunii-**	**kallii-**
Akk.	kauniin	kalliin
G	kauniin	kalliin
Ill.	kauniiseen	kalliiseen
In.	kauniissa	kalliissa
El.	kauniista	kalliista
All.	kauniille	kalliille
Ad.	kauniilla	kalliilla
Abl.	kauniilta	kalliilta

Muita: valm**is**, ruum**is**, tiiv**is**

as/äs-sanat astevaihtelussa

N	rik**as**	hid**as**
P	rikasta	hidasta
Vartalo	ri**kk**aa-	hi**t**aa-
Akk.	rikkaan	hitaan
G	rikkaan	hitaan
Ill.	rikkaaseen	hitaaseen
In.	rikkaassa	hitaassa
El.	rikkaasta	hitaasta
All.	rikkaalle	hitaalle
Ad.	rikkaalla	hitaalla
Abl.	rikkaalta	hitaalta

Muita: asiak**as**, rak**as**, tehd**as**, op**as**

ut/yt

N	lyh**yt**
P	lyhyttä
Vartalo	lyh**ye**-
Akk.	lyhyen
G	lyhyen
Ill.	lyhyeen
In.	lyhyessä
El.	lyhyestä
All.	lyhyelle
Ad.	lyhyellä
Abl.	lyhyeltä

Muita: oh**ut**, ol**ut**, kev**yt**

Sanat *lapsi, mies, kevät* ja *lumi* taipuvat poikkeuksellisesti:

N	lapsi	mies	kevät	lumi
P	lasta	miestä	kevättä	lunta
Vartalo	laps**e**-	mie**he**-	kev**ää**-	lum**e**-
Akk.	lapsen	miehen	kevään	lumen
G	lapsen	miehen	kevään	lumen
Ill.	lapseen	mieheen	kevääseen	lumeen
In.	lapsessa	miehessä	keväässä	lumessa
El.	lapsesta	miehestä	keväästä	lumesta
All.	lapselle	miehelle	keväälle	lumelle
Ad.	lapsella	miehellä	keväällä	lumella
Abl.	lapselta	mieheltä	keväältä	lumelta

Lauseoppia

Kun puhumme säästä, riittää usein vain verbi:

Sataa. *Tuulee.*

Joskus täytyy kertoa enemmän:

Sataa vettä. *Sataa lunta.*

Kun kerromme, että on miinus Celsius-astetta, käytämme tavallisesti partitiivia. Nominatiivia käytämme, jos on hyvin kylmä:

On pakkasta. *On kova pakkanen.*

Puhekielessä on melko tavallista, että verbi, varsinkin kieltoverbi, on lauseen, varsinkin vastauksen, alussa ennen subjektia.

– *Onko tuolla Maija ja Maijan mies?*
– *Eivät he ole naimisissa.*

– *Onko ulkona kylmä?*
– *En minä tiedä.*

– *Minä puhun englantia ja venäjää. Ja puhun minä vähän viroakin.*

– *Ei minulla kyllä hyvä olo ole.*

Mikä sija

kertoa + sta/stä		Se kertoo Helsingin historia**sta**.
G	kanssa	Olin ulkona Maija**n** kanssa
	ympärillä	Tori**n** ympärillä on monta rakennusta.
	takana	Patsaa**n** takana on kirkko.
	vasemmalla puolella	Posti**n** vasemmalla puolella.
	oikealla puolella	Kari istuu Katri**n** oikealla puolella.
	vieressä	Suomen panki**n** vieressä on kansallisarkisto.
	jälkeen	Sauna**n** jälkeen Paloset juovat kahvia.
P + varten		Tarvitsen todistuksen sairasloma**a** varten.
Vn, hVn, seen + asti		Sairaanhoitaja päivystää kahdeksa**an** asti.

Kappale 7

- Mihin Kaisa menee?

- Kaisa menee ravintolaan.
- Hän menee syömään.

- Missä Kaisa on?

- Kaisa on ravintolassa.
- Hän on syömässä.

- Mistä Kaisa tulee?

- Kaisa tulee ravintolasta.
- Hän tulee syömästä.

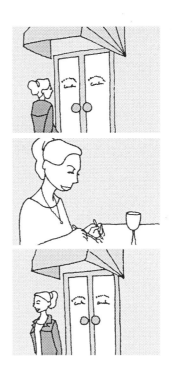

- Mihin Kaisa menee?

- Kaisa menee torille.
- Hän menee ostamaan kalaa.

- Missä Kaisa on?

- Kaisa on torilla.
- Hän on ostamassa kalaa.

- Mistä Kaisa tulee?

- Kaisa tulee torilta.
- Hän tulee ostamasta kalaa.

III infinitiivi

maan/mään (III infinitiivi illatiivi)
massa/mässä (III infinitiivi inessiivi)
masta/mästä (III infinitiivi elatiivi)

He-persoonan vartalo + maan/mään
massa/mässä
masta/mästä

Infinitiivi	he-persoona	vartalo	III infinitiivi
soittaa	soittavat	soitta-	soitta**maan** soitta**massa** soitta**masta**
lukea	lukevat	luke-	luke**maan** luke**massa** luke**masta**
nukkua	nukkuvat	nukku-	nukku**maan** nukku**massa** nukku**masta**
uida	uivat	ui-	ui**maan** ui**massa** ui**masta**
kävellä	kävelevät	kävele-	kävele**mään** kävele**mässä** kävele**mästä**
voimistella	voimistelevat	voimistele-	voimistele**maan** voimistele**massa** voimistele**masta**
pestä	pesevät	pese-	pese**mään** pese**mässä** pese**mästä**

tavata	tapaavat	tapaa-	tapaa**maan** tapaa**massa** tapaa**masta**
varata	varaavat	varaa-	varaa**maan** varaa**massa** varaa**masta**
valita	valitsevat	valitse-	valitse**maan** valitse**massa** valitse**masta**

Milloin käytämme **maan/mään-, massa/mässä-** ja **masta/mästä**-muotoa?

Mihin? mennä
lähteä } + **maan/mään**
tulla

Missä? olla
käydä } + **massa/mässä**
istua

Mistä? tulla + **masta/mästä**

MIHIN OLET MENOSSA?

– Hei, Kaisa. Mihin sinä olet menossa?
– Menen uimaan.
– Ai, missä sinä käyt uimassa?
– Käyn uimassa Yrjönkadun uimahallissa.
– Kuule[1], olisi kiva joskus tehdä jotakin yhdessä. Minä voisin[2] vaikka[3] lähteä kanssasi[4] uimaan joskus.
– Juu, se olisi kivaa tai voisimme mennä joskus kahville ja juttelemaan.
– Joo, soitellaan.
– Soitellaan.

MISTÄ OLET TULOSSA?

- Hei, Kari. Mistä sinä olet tulossa?
- Tulen pelaamasta.
- Ai, mitä sinä pelaat?
- Minä käyn pelaamassa kössiä urheiluhallissa.
- Ai, sinä pelaat squashia.
  Minä käyn joskus pelaamassa tennistä.
- Pelaan minä sitäkin.
- Voisimme joskus pelata yhdessä.
- Mikäs siinä[5]. Soitellaan.
- Joo, soitellaan.

OLIN JUURI SOITTAMASSA

- Kaisa tässä hei. Häiritsenkö?
- Et ollenkaan.
- Soitan siitä käännöksestä.
- Itse asiassa olin juuri soittamassa sinulle siitä. Tuon sen sinulle aamupäivällä.
- Kiva. Mihin aikaan?
- En osaa sanoa ihan tarkkaa aikaa, mutta oletko paikalla noin kello 11?
- Olen. Menen syömään kahdeltatoista. Tuletko ennen sitä?
- Tulen. Nähdään sitten.
- Kiva. Nähdään.

- Minun täytyy lähteä.
- Nyt jo?
- Kello on viisi!

Nesessiivilauseet

> **G + täytyy + infinitiivi**
> **G + ei tarvitse + infinitiivi**
>
> Minun täytyy lähteä.
> Täytyykö sinun jo lähteä?
> Hänen ei tarvitse tulla niin aikaisin.
> Täytyykö meidän varata paikka?
> Teidän ei tarvitse hankkia lippua etukäteen.
> Opiskelijan täytyy lukea paljon.

Objekti *täytyy*-lauseessa

Täytyy-lauseen objekti on **nominatiivissa** tai **partitiivissa**.

A) Objekti on **partitiivissa**, kun

1. objekti on **ainesana**
   Minun täytyy saada kahvi**a**.
   Meidän täytyy ostaa maito**a**.

2. lause on **prosessi**
   Minun täytyy pestä tänään pyykki**ä**.
   Meidän täytyy vielä ajatella asia**a**.

B) Objekti on **nominatiivissa**, kun
lause on **tulos**.
   Minun täytyy ostaa **uusi sanakirja**.
   (Vrt. Ostan uude**n** sanakirja**n**.)
   Meidän täytyy varata **liput**.

Objekti *Ei tarvitse* -lauseessa

ei tarvitse -lauseen objekti on aina **partitiivissa**.
   Eikö minun tarvitse varata lippu**a**?
   Teidän ei tarvitse muistaa jokais**ta** sana**a**.

Huom! *Täytyy*-verbillä on synonyymi *pitää* ja *on pakko*.
Minun **täytyy** lähteä. = Minun **pitää** lähteä. = Minun **on pakko** lähteä.

MIKSI ET SYÖ?

– Miksi sinä et syö?
– Minun täytyy laihtua.
– Miksi, ethän[6] sinä ole lihava.
– Kyllä minulla on liikaa painoa.
– Höpsis. Minusta sinun ei tarvitse laihtua yhtään. Minusta sinä olet hoikka, melkein liian laiha.
– No, en ole.
– Kuten haluat, mutta tämä pasta on tosi hyvää.

PITÄÄ SOITTAA HUOLTOMIEHELLE!

– Hei, tämä hana vuotaa.
– Joo, siihen täytyy vaihtaa tiiviste. Pitää kai soittaa huoltomiehelle.
– Soitatko sinä?
– En ehdi nyt. Minun täytyy ehtiä bussiin.
– No, minun kai pitää sitten soittaa. Mikä sen huoltomiehen puhelinnumero on?
– En minä muista. Sinun täytyy katsoa se luettelosta.
(Hetken kuluttua)
– Päivää. Täällä puhuu Maija Virtanen.
– Päivää.
– Meidän vesihanamme[4] vuotaa. Voisitteko tulla vaihtamaan siihen tiivisteen?
– Kyllä vain[7]. Milloin Teille sopii?
– Jos voitte tulla tänään, niin sopii milloin vain[8]. Olen kotona koko päivän[9].

Kaisa käy kurssilla

Suomi on koulutusyhteiskunta, mikä tarkoittaa, että Suomessa ihmiset arvostavat koulutusta. Siksi monet ihmiset käyvät viikonloppuna kurssilla. Koska Kaisa ei puhu kovin hyvin saksaa, hän haluaa oppia sitä lisää kurssilla. Tampereella on saksan kielen intensiivikurssi lauantaina ja sunnuntaina. Kaisa päättää lähteä Tampereelle oppimaan saksaa.

Kaisa ilmoittautuu kurssille puhelimella. Sitten hänen täytyy maksaa kurssimaksu pankkitilille ja varata hotellihuone. Kaisa varaa hotellihuoneen kurssipaikan läheltä[10]. Kurssi alkaa lauantaiaamuna kello kymmenen, joten Kaisan täytyy lähteä Helsingistä jo kello kahdeksan. Junamatka Tampereelle kestää noin kaksi tuntia.

Matkalla Kaisa käy ravintolavaunussa juomassa kahvia. Kun Kaisa saapuu Tampereelle, hän vie matkalaukut hotelliin ja kävelee sitten kurssipaikalle.

Kurssilaiset puhuvat, kuuntelevat ja kirjoittavat paljon. Erityisesti kurssilaiset haluavat oppia puhumaan paremmin. Kello kolmetoista kurssilaiset käyvät syömässä lounasta pienessä ravintolassa kurssipaikan lähellä[10]. Lounaan jälkeen kurssilaiset palaavat opiskelemaan. Päivä päättyy kello seitsemäntoista. Kaisa lähtee hotelliin lepäämään.

Monessa suomalaisessa hotellissa on sauna ja uima-allas. Niin on siinäkin hotellissa, jossa Kaisa asuu. Kaisa päättää käydä saunomassa ja uimassa. Saunan jälkeen Kaisa menee syömään päivällistä hotellin ravintolaan. Päivällisen jälkeen Kaisa istuu vielä vähän aikaa opiskelemassa, ennen kuin hän menee nukkumaan.

Aamullakin Kaisa käy uimassa ja menee sitten syömään aamiaista. Aamiaisen jälkeen Kaisa pakkaa matkalaukun ja vie sen hotellin aulaan, koska hänen täytyy jättää hotellihuone ennen kahta, ja kurssi päättyy vasta kello neljä. Kaisa maksaa hotellihuoneen vastaanoton virkailijalle ja jättää matkalaukun hotellin säilytykseen.

Kurssi jatkuu. Kun kurssi päättyy iltapäivällä kello kuusitoista, Kaisa käy hotellissa hakemassa matkalaukun ja kiirehtii junalle. Kaisa on väsynyt, mutta tyytyväinen. Kaisasta kurssi oli hyvä; hän osaa nyt puhua vähän paremmin saksaa.

Järjestysluvut 1.–100.

1.	ensimmäinen	11.	yhdestoista		
2.	toinen	12.	kahdestoista	20.	kahdeskymmenes
3.	kolmas	13.	kolmastoista	30.	kolmaskymmenes
4.	neljäs	14.	neljästoista	40.	neljäskymmenes
5.	viides	15.	viidestoista	50.	viideskymmenes
6.	kuudes	16.	kuudestoista	60.	kuudeskymmenes
7.	seitsemäs	17.	seitsemästoista	70.	seitsemäskymmenes
8.	kahdeksas	18.	kahdeksastoista	80.	kahdeksaskymmenes
9.	yhdeksäs	19.	yhdeksästoista	90.	yhdeksäskymmenes
10.	kymmenes			100.	sadas

26. kahde**s**kymmene**s**kuude**s**, 31. kolma**s**kymmene**s**ensimmäinen

Päiväys

Tavallisesti kysytään: *Mi**ssä** kuu**ssa**?* ja vastataan: *tammikuu**ssa**, helmikuu**ssa*** jne.
Päiväyksessä ei kuitenkaan käytetä **ssa/ssä**-muotoa, vaan partitiivia.

    1. toukokuu**ta**

    24. kesäkuu**ta**

    6. joulukuu**ta**

Virallisessa päiväyksessä (esim. kirjeessä) kirjoitetaan aina ensin paikka **ssa/ssä**- tai **lla/llä**-muodossa.

    Helsingi**ssä** 27. huhtikuu**ta** 1996

    Vantaa**lla** 15. elokuu**ta** 1995

Keskustelua

PUHELIMESSA

- Hotelli Lepola. Päivää.
- Päivää. Tässä puhuu Kaisa Nieminen. Haluan varata yhden hengen huoneen.
- Yhden hengen huone ja milloin?
- Lauantaina. Tulen lauantaina ja lähden sunnuntaina.
- Siis viides päivä.
- Ai ei, anteeksi. Tarkoitan ensi viikolla, ei tällä viikolla, siis kahdestoista päivä.
- Hyvä. Ja millä nimellä varaatte?
- Nimellä Nieminen, Kaisa Nieminen.
- Siis yhden hengen huone nimellä Nieminen, lauantaina kahdestoista päivä. Tervetuloa.
- Kiitos. Kuulemiin.
- Kuulemiin.

HOTELLISSA

- Päivää ja tervetuloa.
- Päivää. Minä olen Kaisa Nieminen. Minulla on täällä huone varattuna.
- Hetkinen, siis nimellä Nieminen. Huone numero 206. Tässä on avain.
- Kiitos. Onko tämä ensimmäisessä kerroksessa?
- Ei, vaan toisessa. Pääsette toiseen kerrokseen hissillä. Hissiltä menette ensin suoraan eteenpäin ja käännytte sitten oikealle. Huone 206 on kolmas vasemmalla.
- Kiitos. Entä aamiainen? Missä voin käydä syömässä aamiaista?
- Aamiainen on ensimmäisessä kerroksessa ravintolasalissa.
- Kiitos.

PUHELIMESSA

– Markku.
– Hei, Kaisa tässä. Soitan sinulle, kun Marja ei vastaa puhelimeen. Tiedätkö mitään hänestä?
– Joo, itse asiassa hän on tässä vieressä. Hetki, annan puhelimen hänelle.
– Kiitos.
– No, moi. Anteeksi, kännykkäni oli äänettömällä. Mitä sinä?
– Soitan siitä ensi lauantain tapaamisesta. Sopiiko sinulle kello kaksitoista?
– Sopii. Se sopii minulle oikein hyvin. Tapaammeko vanhassa paikassa?
– Juu. Siellä sitten. Pidäthän kännykän äänen päällä. Nähdään.
– Joo. Nähdään hei.

※ ● ※

– Koiso Oy, Markku Ranta.
– Tässä puhuu Kaisa Nieminen. Onkohan Marja Kantola tavattavissa?
– Hän ei ole nyt paikalla, mutta tulee noin kello kaksi.
– Kiitos. Soitan uudelleen. Kuulemiin.
– Kuulemiin.

※ ● ※

– Lutukka Oy, Riitta Järvi.
– Onkohan Risto Lahtinen tavattavissa?
– Ei ole nyt. Hän on poissa pari päivää. Voinko pyytää häntä soittamaan Teille?
– Kiitos, joo. Voitteko sanoa terveiset Kari Paloselta ja pyytää häntä soittamaan minulle numeroon 511 611? Suuntanumero on 09.
Tai kännykkään 0400 222 5587.
– Minä pyydän.
– Kiitos. Kuulemiin.
– Kuulemiin.

※ ● ※

– Kari Holm.
– Liisa tässä. Moi. Voitko puhua nyt, vai soitanko myöhemmin uudelleen.
– Voin puhua.
– Soitan siitä maanantaista. En taida päästä siihen tapaamiseen. Äitini on sairas.
– Ei se mitään. Minä kerron sitten sinulle, mitä siellä tapahtuu.
– Okei, soitan sinulle maanantai-iltana.

※ ● ※

- Tietoapu Oy. Päivää.
- Päivää. Täällä puhuu Liisa Laine. Onko johtaja Palonen paikalla?
- Ei ole. Hän on kokouksessa.
- Voinko jättää sanan?
- Olkaa hyvä.
- Voitteko pyytää häntä soittamaan minulle toimistoon tai kotiin tänään iltapäivällä? Puhelinnumero kotiin on 123 456 ja toimistoon 654 321.
- Minä sanon.
- Kiitos. Kuulemiin.
- Kuulemiin.

Tiedustelemme

Millä nimellä varaatte huoneen?
Sopiiko sinulle kello viisi?
Keneltä voin sanoa terveiset?
Voinko auttaa jotenkin?
Voinko jättää sanan?

Kysymyssanat

Miksi sinä et syö?
Mihin olet menossa?
Mistä olet tulossa?

Huomautuksia

1) Puheen aloitus

Kun haluamme kiinnittää toisen ihmisen huomion tai siirrymme keskustelussa uuteen aiheeseen, aloitamme usein sanalla *Kuule!*

2) *voida*-verbin kohtelias muoto (konditionaali)

vo*isin*	vo*isimme*
vo*isit*	vo*isitte*
vo*isi*	vo*isivat*

3) *vaikka* = esimerkiksi

sanaa *vaikka* käytetään varsinkin puhekielessä usein myös merkityksessä 'esimerkiksi'.

4) Possessiivisuffiksit *ni, si, nsa/nsä (Vn), mme, nne, nsa/nsä (Vn)*

Kun suomessa sanotaan, että jokin on minun, sinun ja jne., käytetään varsinkin kirjakielessä possessiivisuffikseja, jotka liitetään sanan loppuun.

minun kanssa = kanssa**ni**

sinun kanssa = kanssa**si**

hänen kanssa = **hänen** kanssa**nsa** / **hänen** kanssa**an**

meidän kanssa = kanssa**mme**

teidän kanssa = kanssa**nne**

heidän kanssa = **heidän** kanssa**nsa** / **heidän** kanssa**an**

minun alanumero = alanumero**ni**

meidän vesihana = vesihana**mme**

5) Hyväksyminen

Kun haluamme sanoa, että suostumme ehdotukseen, jonka toinen tekee, käytämme fraasia: *Mikäs siinä*.

6) *han/hän*

Kun halutaan sanoa, että jokin asia on kaikille tuttu tai itsestään selvä, voidaan se ilmaista *han/hän*-liitteellä.

Et**hän** sinä ole lihava. = Sinä et ole lihava, ja minä tiedän sen ja sinäkin varmasti tiedät sen.

7) *Kyllä vain*

Ystävällinen tapa suostua pyyntöön on sanoa: *Kyllä vain*. Merkitys on suurin piirtein sama kuin 'totta kai'.

8) Kysymyssana + *vain*

Kun halutaan ilmaista, että kaikki mahdollisuudet ovat olemassa, lisätään kysymyssanan jälkeen *vain* tai *tahansa*. Esim.

– milloin vain = milloin tahansa: *Voit tulla milloin vain.*

– mihin vain = mihin tahansa: *Jos olisin rikas, voisin matkustaa mihin tahansa.*

– keneltä vain = keneltä tahansa: *Voinko kysyä keneltä vain.*

9) *koko päivän*

Kun kerromme, kuinka kauan jotakin tapahtuu, ajanilmaus on objektin sijoissa:

*Olen kotona koko päivä**n**.*

*Elokuva ei kestä kah**ta** tunti**a**.*

10) *lähelle – lähellä – läheltä*

Mihin?   Lähelle.

Missä?   Lähellä.

Mistä?   Läheltä.

Sanatyypit

	os/ös	
N	käänn**ös**	te**os**
P	käännöstä	teosta
Vartalo	**käännökse-**	**teokse-**
Akk.	käännöksen	teoksen
G	käännöksen	teoksen
Ill.	käännökseen	teokseen
In.	käännöksessä	teoksessa
El.	käännöksestä	teoksesta
All.	käännökselle	teokselle
Ad.	käännöksellä	teoksella
Abl.	käännökseltä	teokselta

Muita: tung**os**, rik**os**, suomenn**os**, lait**os**, näyt**ös**, päät**ös**

Verbityypit 3 ja 4 astevaihtelussa

Heikko aste
Infinitiivissä   ju**t**ella   ta**v**ata
Vahva aste
Kaikissa persoonissa   jut**t**elen   ta**p**aan
                       jut**t**elet   ta**p**aat
                       jut**t**elee   ta**p**aa
                       jut**t**elemme   ta**p**aamme
                       jut**t**elette   ta**p**aatte
                       jut**t**elevat   ta**p**aavat

Muita: esi**t**ellä, kuu**nn**ella, suu**d**ella; **l**uvata, ka**d**ota, maata, **l**evätä, ke**rr**ata, pa**k**ata

Lauseoppia

Joskus voi *täytyy*- ja *pitää*-lauseista puuttua tekijä. Näin silloin, kun ei haluta sanoa, kenen täytyy tehdä jotakin. Toiminnan pakollisuus on siis yleistävää, geneeristä, toteavaa: jonkun täytyy tehdä jotakin.

Siihen täytyy vaihtaa tiiviste.
Pitää kai soittaa huoltomiehelle.

Mikä sija?

pelata + P Pelaatko sinä squashi**a**?
ennen + P Tapaamme ennen viit**tä**.
G + ⎰ **lähelle** Rautatieasema**n** lähelle tulee hotelli.
       ⎱ **lähellä** Rautatieasema**n** lähellä on hotelli.
         läheltä Bussit lähtevät hotelli**n** läheltä.

varata + sta/stä, lta/ltä
                Varaan hotellihuoneen kurssipaikan lähe**ltä**.
                Varaan pöydän ravintola**sta**.
G + jälkeen Tapaamme lounaa**n** jälkeen.

oppia, pyytää + maan/mään
    Haluan oppia puhu**maan** hyvin saksaa.
    Voitteko pyytää häntä soitta**maan** minulle?

pitää:
1) **pitää + sta/stä**   Pidän kesä**stä** ja auringo**sta**.
2) **pitää + infinitiivi** = täytyy + infinitiivi
    Minun pitää mennä nyt. = Minun täytyy mennä nyt.

Kappale 8

– Missä sinä olit eilen?
– Olin teatterissa.

– Soititko minulle eilen?
– Soitin.

Positiivinen imperfekti
i / si

Imperfektin *i* voi aiheuttaa verbin vartalossa muutoksia. Vartalon loppuvokaali voi kadota tai muuttua toisenlaiseksi.

Vartalo	Imperfekti	Persoona	Kysymys ym.
sano	i	t	
sano	i	t	ko
halu	**si**	n	
halu	**si**	n	kin

Verbityypit 1, 3, 5

o + i	→	oi	sano-	sanoin	sanoimme
				sanoit	sanoitte
				sanoi	sanoivat
ö + i	→	öi	säilö-	säilöin	säilöimme
				säilöit	säilöitte
				säilöi	säilöivät
u + i	→	ui	puhu-	puhuin	puhuimme
				puhuit	puhuitte
				puhui	puhuivat
y + i	→	yi	kysy-	kysyin	kysyimme
				kysyit	kysyitte
				kysyi	kysyivät

a + i	→	i	soita-	soitin	soitimme
				soitit	soititte
				soitti	soittivat
ä + i	→	i	päätä-	päätin	päätimme
				päätit	päätitte
				päätti	päättivät
e + i	→	i	lue-	luin	luimme
				luit	luitte
				luki	lukivat
			tule-	tulin	tulimme
				tulit	tulitte
				tuli	tulivat
			pese-	pesin	pesimme
				pesit	pesitte
				pesi	pesivät
			valitse-	valitsin	valitsimme
				valitsit	valitsitte
				valitsi	valitsivat
i + i	→	i	etsi-	etsin	etsimme
				etsit	etsitte
				etsi	etsivät

Verbityyppi 2

VV + i	→	Vi	saa-	sain	saimme
				sait	saitte
				sai	saivat
uo + i	→	oi	juo-	join	joimme
				joit	joitte
				joi	joivat

yö + i	→	öi	syö-	söin	söimme
				söit	söitte
				söi	söivät
oi + i	→	oi	arvioi-	arvioin	arvioimme
				arvioit	arvioitte
				arvioi	arvioivat

Verbityyppi 4

a + i	→	si	tapaa-	tapasin	tapasimme
				tapasit	tapasitte
				tapasi	tapasivat
ä + i	→	si	herää-	heräsin	heräsimme
				heräsit	heräsitte
				heräsi	heräsivät

Huom! Verbityyppi 1

Kun verbissä on kaksi tavua, ja *a* sekä ensimmäisessä että toisessa tavussa, toisen tavun *a* muuttu *o*:ksi imperfektin *i*:n edellä.

a__a + i → a__oi

antaa
annoin   annoimme
annoit   annoitte
antoi   antoivat

Muita: nauraa, laulaa, sataa, alkaa, kantaa, ajaa, laittaa, paistaa, maksaa, vaihtaa, auttaa

Huom! Verbityyppi 1

tietää	→	tiesi-		
		tiesin	tiesimme	
		tiesit	tiesitte	
		tiesi	tiesivät	
Muita:		ymmärtää	→	ymmärsi-
		lentää	→	lensi-
		tuntea	→	tunsi-
		löytää	→	löysi-
		kääntää	→	käänsi-
		kieltää	→	kielsi-
		pyytää	→	pyysi-

Huom! Verbit *panna, mennä, purra* ja *surra* taipuvat imperfektissä kuten verbit *tulla* ja *pestä*.

pane-	mene-	pure-	sure-
panin	menin	purin	surin
panit	menit	purit	surit
pani	meni	puri	suri
panimme	menimme	purimme	surimme
panitte	menitte	puritte	suritte
panivat	menivät	purivat	surivat

Huom! Verbit *viedä, käydä, tehdä* ja *nähdä* imperfektissä:

Preesens	Imperfekti	Preesens	Imperfekti
vien	vein	teen	tein
viet	veit	teet	teit
vie	vei	tekee	teki
viemme	veimme	teemme	teimme
viette	veitte	teette	teitte
vievät	veivät	tekevät	tekivät

käyn	kävin	näen	näin
käyt	kävit	näet	näit
käy	kävi	näkee	näki
käymme	kävimme	näemme	näimme
käytte	kävitte	näette	näitte
käyvät	kävivät	näkevät	näkivät

Huom! Hän-persoonalla ei imperfektissä ole persoonapäätettä.

– Elias Lönnrot syntyi vuonna 1802 ja kuoli vuonna 1884.
– Aleksis Kivi kirjoitti Seitsemän veljestä, ensimmäisen suomenkielisen romaanin, vuonna 1870.
– Akseli Gallen-Kallela maalasi Lemminkäisen äidin 1897.
– Frans Eemil Sillanpää sai Nobelin palkinnon vuonna 1939.
– Venäjän keisari Nikolai II hallitsi Suomea vuoteen 1917.

Vertaa:

Infinitiivi	Preesens	Imperfekti
sanoa	sanon	sanoin
säilöä	säilön	säilöin
puhua	puhun	puhuin
kysyä	kysyn	kysyin
soittaa	soitan	soitin
päättää	päätän	päätin
lukea	luen	luin
etsiä	etsin	etsin
tulla	tulen	tulin
mennä	menen	menin
pestä	pesen	pesin
valita	valitsen	valitsin
tarvita	tarvitsen	tarvitsin
saada	saan	sain
juoda	juon	join
syödä	syön	söin
haluta	haluan	halusin
tavata	tapaan	tapasin
herätä	herään	heräsin
antaa	annan	annoin
auttaa	autan	autoin
vaihtaa	vaihdan	vaihdoin
tietää	tiedän	tiesin
ymmärtää	ymmärrän	ymmärsin
lentää	lennän	lensin
tuntea	tunnen	tunsin

SOIKO PUHELIN?

- Hei, kuulinko oikein? Soiko puhelin?
- Soi.
- Vastasitko sinä?
- Vastasin.
- No, kuka siellä oli?
- Maija soitti ja pyysi meitä elokuviin[1].
- Mitä sinä sanoit?
- Sanoin, että meillä on tänään sauna.
- Ai niin.

VIIKONLOPPU

- Hei Maija, miten viikonloppu meni?
- Ihan tavallisesti. Perjantaina siivosin ja katselin televisiota. Lauantaina kävin torilla, laitoin ruokaa ja pesin pyykkiä.
- Niin, mutta kävitkö siinä näyttelyssä, johon sinun piti mennä?
- Ai jaa, niin. Joo, kävin kyllä, sunnuntaina.
- Mitä pidit siitä?
- Se oli hauska ja mielenkiintoinenkin. Mitä sinä teit?
- En oikeastaan paljon mitään. Luin, kävin uimassa ja ulkoilin koiran kanssa. Sain muuten kirjeen Raijalta. Hän on tulossa Helsinkiin ensi viikonloppuna. Menen varmaankin tapaamaan häntä. Tuletko mukaan[2]?
- Tulen, mielelläni[3]. Soitellaan lauantaiaamuna.
- Joo. Soitellaan ja mukavaa viikkoa sinulle.
- Kiitos samoin. Hei hei.
- Hei.

Kaisan italialainen poikaystävä

Viime kesänä Kaisa kävi Italiassa. Hän tapasi Roomassa mukavan italialaisen miehen. Miehen nimi oli Roberto. Vasta kun Kaisa palasi Suomeen, hän ymmärsi, että hän piti Robertosta paljon ja että hänellä oli ikävä Robertoa[4]. Kaisa ja Roberto meilailivat. Sitten Kaisa päätti kutsua Roberton Suomeen. Hän meilasi Robertolle kutsun. Roberto vastasi, että hän tulee mielellään[3]. Kaisa alkoi heti ajatella, mitä he voisivat tehdä Suomessa.

Sitten tuli se tärkeä päivä: Roberto saapui. Kaisa nukkui huonosti ja heräsi aikaisin. Hän unohti voimistella. Hän kävi nopeasti suihkussa ja söi vähän. Päivä oli pitkä.

Iltapäivällä Kaisa meni Robertoa vastaan[5] lentokentälle. Roberto tuli ja antoi Kaisalle punaisen ruusun. Kaisa antoi Robertolle suukon. He ajoivat taksilla Kaisan kotiin. He sopivat, että he menevät illalla syömään ja tanssimaan.

Illalla oli kaunis ilma, joten he kävelivät pieneen venäläiseen ravintolaan. He tilasivat vähän salaattia ja talon grillipihvin. Ruoan kanssa he joivat punaviiniä. Lopuksi he söivät jälkiruokaa ja joivat kahvia.

Ravintolasta Kaisa ja Roberto lähtivät klubille. Klubilla he tilasivat drinkit ja kävivät tanssimassa. He tanssivat valomerkkiin asti.

Seuraavana aamuna Kaisa vei Roberton bussilla maalle, Kaisan perheen kesämökille. Siellä Roberto sai saunoa Kaisan isän kanssa. Roberto kävi myös meressä uimassa, vaikka merivesi oli hänestä kylmää. Kaisan äiti laittoi Robertolle suomalaista ruokaa, paistettua kalaa ja perunamuusia. Roberto tietysti kehui ruokaa.

Viikonloppu kului nopeasti, ja maanantaina Kaisa ja Roberto palasivat kaupunkiin.

Suomen historian tärkeät vuodet

- n.[6] 7500 eKr.[7] ensimmäiset ihmiset saapuivat Suomeen.
- n. 4200 eKr. Suomeen tuli indoeurooppalaista väestöä, joka sekoittui alkuperäiseen väestöön.
- n. 2500 eKr. alueella alkoi vaikuttaa balttilais-germaaninen kieli.
- n. 500 eKr. Suomenlahden ympäristössä asui väestöä, joka puhui kantasuomea.
- n. 800 jKr.[7] idästä tuli slaavilaista vaikutusta.
- Kantasuomesta[8] kehittyivät itämerensuomalaiset kielet, esim.[9] suomi ja viro.
- Vuonna 1155 ruotsalaiset tekivät ensimmäisen ristiretken Suomeen.
- Suomesta[8] tuli vähitellen Ruotsin osa.
- Vuonna 1808 Venäjä ja Ruotsi joutuivat sotaan.
- Venäjän keisarikunta voitti sodan.
- Venäjän keisari Aleksanteri I liitti Suomen Venäjään Haminan rauhassa 1809.
- Vuonna 1812 Aleksanteri teki Helsingistä[8] pääkaupungin.
- Vuonna 1863 suomen kielestä[8] tuli maan toinen virallinen kieli (toinen oli ruotsi).
- Vuonna 1917 Suomesta[8] tuli itsenäinen.
- Vuonna 1939 alkoi toinen maailmansota: Suomessa talvisota 1939–1940 ja jatkosota 1941–1944.
- Vuonna 1995 Suomi liittyi Euroopan unioniin.

Keskustelua

LOMAN JÄLKEEN

- Hei Kari. Miten loma meni?
- Kiitos, oikein hyvin.
- Olitteko te mökillä?
- Kyllä, olimme mökilläkin, mutta teimme myös lyhyen matkan Eurooppaan.
- Ai, missä te kävitte?
- Menimme ensin lautalla Tukholmaan, yövyimme siellä ja jatkoimme seuraavana päivänä Kööpenhaminaan. Kööpenhaminassa täytyi tietysti nähdä Tivoli. Ajoimme sitten Saksan ja Puolan kautta Liettuaan. Vietimme pari päivää Vilnassa ja Riiassa. Sitten ajoimme Pärnun kautta Tallinnaan. Tallinnassa olimme pari yötä ja tulimme laivalla sieltä[10] takaisin Helsinkiin. Se oli aika raskas matka, mutta mielenkiintoinen. Miten sinä vietit lomasi?

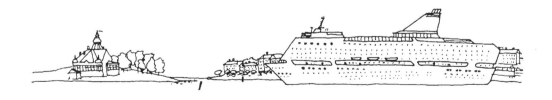

- Kävin tapaamassa äitiäni[3] Kouvolassa. Ja purjehdin vähän. Eräällä ystävälläni[3] on purjevene. Teimme muutaman retken saareen. Uimme, saunoimme, paistoimme makkaraa ja joimme olutta.
- Oliko sinulla koira mukana?
- Tietysti. Eihän sitä voi jättää yksin. Siitä tuli oikea laivakoira. Se käveli rennosti laivan kannella, söi kanssamme kalaa ja nukkui hytissä. – Minulla on hieno valokuvakokoelma matkasta. Tuletko katsomaan?
- Mielelläni, vaikkapa[11] perjantaina. Soitatko minulle?
- Joo, soitan tai tekstaan. Nähdään.
- Nähdään.

Kysymyssanat

Miten viikonloppu meni?
Miten vietit loman?
Missä te kävitte?

Huomautuksia

1) *Elokuviin.*

Mihin?	Elokuviin.
Missä?	Elokuvissa.
Mistä?	Elokuvista.

2) *mukaan – mukana*

Mihin?   Mukaan.
Lähdetkö mukaan?
Missä?   Mukana.
Oliko koira mukana?

3) *mielelläni*

miele + llä + possessiivisuffiksi

mielelläni	mielellämme
mielelläsi	mielellänne
mielellään	mielellään (mielellänsä)

Lähden mielelläni mukaan.
Tulen mielelläni katsomaan.

Sijamuoto + possessiivisuffiksi:
P   äiti+ä+ni
Ad.   ystävä+llä+ni

4) lla/llä + on + ikävä + P = ikävöidä, kaivata
Kaisa**lla oli ikävä** Roberto**a**.
Minu**lla on ikävä** sinu**a**.

5) vastaan – vastassa
mennä + P + vasta**an**
tulla + P + vasta**an**
olla + P + vasta**ssa**
Iltapäivällä Kaisa meni Roberto**a** vasta**an** lentokentälle.
Tuletko minu**a** vasta**an** asemalle?
Hän oli minu**a** vasta**ssa**.

6) n. = noin

7) eKr. = ennen Kristusta
jKr. = jälkeen Kristuksen

8) sta/stä-muoto kertoo muutoksesta.
Kantasuome**sta** kehittyivät itämerensuomalaiset kielet.
Suome**sta** tuli itsenäinen vuonna 1917
Aleksanteri I teki Helsingi**stä** pääkaupungin.
Lähtökohta, josta muuttuminen alkaa on **sta/stä**-muodossa.

9) esim. = esimerkiksi

10) Sinne – Siellä – Sieltä
Mihin?   Sinne.
Missä?   Siellä.
Mistä?   Sieltä.

11) vaikkapa = esimerkiksi

Sanatyypit

Huom! *si*-sanojen joukossa on sanoja, joissa on jokin muu astevaihtelu kuin *t:d,* esim. *nt:nn* ja *rt:rr*.

	si	
N	kan**si**	var**si**
P	kantta	vartta
Vartalo	ka**nne**-	va**rre**-
Akk.	kannen	varren
G	kannen	varren
Ill.	kanteen	varteen
In.	kannessa	varressa
El.	kannesta	varresta
All.	kannelle	varrelle
Ad.	kannella	varrella
Abl.	kannelta	varrelta

Muita: hir**si**, kyn**si**, län**si**

Mikä sija?

pyytää + Obj. + Vn, hVn, seen	Hän pyysi mei**tä** elokuv**iin**.
pyytää + P + maan/mään	Pyysin hän**tä** autta**maan**.
sekoittua + Vn, hVn, seen	Uusi väestö sekoittui kansa**an**.
liittyä + Vn, hVn, seen	Suomi liittyi Euroopan Union**iin**.
liittää + Obj. + Vn, hVn, seen	Keisari liitti Suome**n** Venäjä**än**.
G + kautta	Ajoimme Puola**n** kautta Liettua**an**.
joutua + Vn, hVn, seen; lle; maan/mään	Suomi joutui sota**an**. Hän joutui muutta**maan** pien**een** asunt**oon** Rauhankadu**lle**.

Kappale 9

– Sanoitko jotakin? – Soittiko Kaisa? – Kuulitteko uutisen?
– En sanonut. – Ei soittanut. – Emme kuulleet.

Negatiivinen imperfekti
nut/nyt
neet

en
et   **infinitiivin vartalo + nut/nyt**
ei

emme
ette   **Infinitiivin vartalo + neet**
eivät

Verbityypit 1 ja 2				
		Infinitiivin vartalo	Negatiivinen imperfekti	
soittaa	→	soitta-	en soitta**nut**	emme soitta**neet**
			et soitta**nut**	ette soitta**neet**
			ei soitta**nut**	eivät soitta**neet**
kysyä	→	kysy-	en kysy**nyt**	emme kysy**neet**
			et kysy**nyt**	ette kysy**neet**
			ei kysy**nyt**	eivät kysy**neet**
saada	→	saa-	en saa**nut**	emme saa**neet**
			et saa**nut**	ette saa**neet**
			ei saa**nut**	eivät saa**neet**
syödä	→	syö-	en syö**nyt**	emme syö**neet**
			et syö**nyt**	ette syö**neet**
			ei syö**nyt**	eivät syö**neet**

Huom! Verbityyppi 3

nut/nyt → **lut/lyt**

neet → **leet**

Jos infinitiivi on tyyppiä:
luulla, **kuul**la, **opiskel**la, **ajatel**la, **esitel**lä

tulla	→	tul-	en tul**lut**	emme tul**leet**
			et tul**lut**	ette tul**leet**
			ei tul**lut**	eivät tul**leet**

nut/nyt → **sut/syt**

neet → **seet**

Jos infinitiivi on tyyppiä:
nousta, **pes**tä, **pääs**tä

nousta	→	nous-	en nous**sut**	emme nous**seet**
			et nous**sut**	ette nous**seet**
			ei nous**sut**	eivät nous**seet**

Huom! myös verbit *panna, mennä, purra* ja *surra*

mennä	→	men-	en men**nyt**	emme men**neet**
			et men**nyt**	ette men**neet**
			ei men**nyt**	eivät men**neet**
surra	→	sur-	en sur**rut**	emme sur**reet**
			et sur**rut**	ette sur**reet**
			ei sur**rut**	eivät sur**reet**

Verbityypit 4 ja 5

| nut/nyt | → | **nnut/nnyt** |
| neet | → | **nneet** |

haluta	→	halu-	en halu**nnut**	emme halu**nneet**
			et halu**nnut**	ette halu**nneet**
			ei halu**nnut**	eivät halu**nneet**
tarvita	→	tarvi-	en tarvi**nnut**	emme tarvi**nneet**
			et tarvi**nnut**	ette tarvi**nneet**
			ei tarvi**nnut**	eivät tarvi**nneet**

– Löysitkö avaimen?
– En löytänyt.

– Veitkö kirjeen postiin?
– En vienyt. En ehtinyt.

– Tapasitko Kaisan?
– En tavannut Kaisaa, mutta tapasin johtaja Närhen.

– Oliko teillä eilen hauskaa?
– Ei ollut.

– Saitteko konserttiliput?
– Emme saaneet.

– Ehditkö ajoissa kokoukseen?
– En ehtinyt. Bussi ei tullut, enkä saanut taksia.

– No, etkö lähtenyt teatteriin?
– En lähtenyt. Minulla ei ollut rahaa.

Negatiivinen kysymys imperfektissä

Kysymyspääte **ko/kö** liitetään negatiivisessa imperfektissä negatiiviseen verbiin: *et**kö** soittanut, ei**kö** hän syönyt, ette**kö** tulleet, eivät**kö** he käyneet*.

ETKÖ OLE TEHNYT MITÄÄN?

– Hei, sinunhan piti siivota!
– En ehtinyt.
– No, toitko edes ruokaa kaupasta?
– Ai niin. En tuonut. En muistanut.
– No, voisitko nyt ruveta siivoamaan, niin minä menen kauppaan.
– Hyvä on.

Huom!
tehdä

teen	tein	en teh**nyt**
teet	teit	et teh**nyt**
tekee	tek**i**	ei teh**nyt**
teemme	te**i**mme	emme teh**neet**
teette	te**i**tte	ette teh**neet**
tekevät	tek**i**vät	eivät teh**neet**

nähdä

näen	nä**i**n	en näh**nyt**
näet	nä**i**t	et näh**nyt**
näkee	näk**i**	ei näh**nyt**
näemme	nä**i**mme	emme näh**neet**
näette	nä**i**tte	ette näh**neet**
näkevät	näk**i**vät	eivät näh**neet**

MITÄ TEIT EILEN?

– Olitko sinä eilen teatterissa?
– En ollut. En saanut lippua.
– Mitä sinä sitten teit?
– En tehnyt mitään. Menin kotiin ja katsoin televisiota. Aloin toissapäivänä kirjoittaa kotitehtävääni ja halusin kirjoittaa sen loppuun eilen, mutta en löytänyt sitä mistään.
– Ehkä minä voin auttaa sinua löytämään sen.
– Minä tallensin tiedoston mielestäni Kotitehtävät-kansioon. Sieltä en sitä kuitenkaan löytänyt.

– Kyllä se jossain on. Jos minä katson sitä. Missä hakemistossa se kansio on?
– En oikeastaan tiedä. Luulin, että tallensin sen kovalevylle, mutta minulla on kyllä sama kansio muistitikulla. Olisikohan se siellä? Jos en tallentanutkaan sitä C-hakemistoon vaan muistitikulle. Siitähän se johtuukin.

Indefiniittipronomini *ei kukaan*

N	ei kukaan	Kukaan ei esitellyt häntä.
P	ei ketään	En tunne täällä ketään.
G	ei kenenkään	Kenen tämä kirja on? – Ei kenenkään.
Ill.	ei keneenkään	En tutustunut matkalla keneenkään.
In.	ei kenessäkään	Kenessäkään ei ollut mitään tuttua.
El.	ei kenestäkään	Kenestä te puhutte? – Emme kenestäkään.
All.	ei kenellekään	En soittanut kenellekään.
Ad.	ei kenelläkään	Kenelläkään ei ollut rahaa.
Abl.	ei keneltäkään	Emme saaneet apua keneltäkään.

Indefiniittipronomini *jokin*

N	jokin	Tässä koneessa on jokin vika.
P	jotakin/jotain	Sanoiko hän jotakin muuta?
Akk.	jonkin	Ostan hänelle jonkin kirjan.
G	jonkin	Palaan jonkin ajan kuluttua.
Ill.	johonkin	Hän meni johonkin kokoukseen.
In.	jossakin/jossain	Hän on jossakin kokouksessa.
El.	jostakin/jostain	Hän on jostakin Etelä-Euroopasta.
All.	jollekin	Panin laukkuni tänne jollekin tuolille.
Ad.	jollakin	Heillä on kesämökki jollakin saarella.
Abl.	joltakin	Ostitko tämän joltakin kirpputorilta?

Timo Karjalainen ihastuu Kaisaan

Eilen oli johtaja Närhen syntymäpäivä. Johtaja Närhi täytti 50 vuotta. Hän kutsui liikkeen työntekijät ja ystävät ravintola Kellariin syömään, juomaan ja tanssimaan. Ravintolassa oli myös johtaja Närhen ystävä, suunnittelija Timo Karjalainen. Kun Timo Karjalainen näki Kaisan, hän ihastui Kaisaan. Timo ei tiennyt[1], että Kaisalla oli italialainen poikaystävä.

Kaisa ei huomannut Timoa ollenkaan. Timo toivoi koko illan[2], että joku esittelee hänet Kaisalle, mutta kukaan ei esitellyt häntä. Silloin Timo päätti mennä hakemaan Kaisaa tanssimaan, mutta hän ei ehtinyt. Kaisa tanssi jo johtaja Närhen kanssa. Kun Timo meni toisen kerran hakemaan Kaisaa tanssimaan, Kaisa ei halunnut lähteä tanssimaan; hän ei jaksanut.

Timo istui yksin melkein koko illan. Hän ei puhunut juuri[3] kenenkään kanssa. Hän ei syönyt paljon. Hänellä ei ollut ruokahalua. Ilta kului, eikä Timo päässyt puhumaan Kaisan kanssa.

Seuraavana päivänä Timo meni tapaamaan johtaja Närheä, mutta hän ei nähnyt Kaisaa eikä hän uskaltanut kysyä Kaisan puhelinnumeroa. Timo odotti Kaisaa toimiston edessä, mutta Kaisa ei tullut. Timo ei voinut soittaa Kaisalle, koska hänellä ei ollut Kaisan puhelinnumeroa eikä hän tietänyt Kaisan sukunimeä eikä osoitetta.

Perfekti ja pluskvamperfekti

Perfekti ja pluskvamperfekti tehdään **nut/nyt, neet**-muodosta niin, että sen eteen tulee **olla**-verbi preesensissä tai imperfektissä.

Perfekti

---

olla-verbin preesens + pääverbin **nut/nyt, neet** -muoto

Positiivinen perfekti

olen sanonut	olemme sanoneet
olet sanonut	olette sanoneet
on sanonut	ovat sanoneet

Negatiivinen perfekti

en ole sanonut	emme ole sanoneet
et ole sanonut	ette ole sanoneet
ei ole sanonut	eivät ole sanoneet

KUINKA KAUAN?

– Kuinka kauan sinä olet ollut Suomessa?
– Nyt olen ollut kaksi kuukautta[2], mutta olen käynyt täällä aikaisemminkin.
– Sinä puhut hyvin suomea. Missä olet oppinut sitä?
– Olen opiskellut suomea kaksi vuotta Helsingin yliopistossa[2].

KAHVINKEITIN

– Mikä vika tässä kahvinkeittimessä on?
  Oletko sinä rikkonut tämän?
– En minä ole tehnyt sille mitään.
– Etkö sinä keittänyt aamulla kahvia?
– Keitin, mutta ei siinä silloin mitään vikaa ollut.
  Onko töpseli seinässä?
– No, on tietysti.
– Sinähän et ole pannut siihen kantta päälle[4].
  Se ei toimi, jos siinä ei ole kantta.
– Ai.

Pluskvamperfekti

---

olla-verbin imperfekti + pääverbin **nut/nyt, neet** -muoto
Positiivinen pluskvamperfekti

olin sanonut	olimme sanoneet
olit sanonut	olitte sanoneet
oli sanonut	olivat sanoneet

Negatiivinen pluskvamperfekti

en ollut sanonut	emme olleet sanoneet
et ollut sanonut	ette olleet sanoneet
ei ollut sanonut	eivät olleet sanoneet

UUSI ASUNTO

— Kuulin, että olet ostanut uuden asunnon.
— Joo.
— Taas. Tämähän on jo kolmas viiden vuoden sisällä. Sinä muutat usein.
— Niin, kai se vaikuttaa siltä[5]. Se ensimmäinen asuntohan oli aika kiva, mutta kun minä olin asunut siinä neljä vuotta[2], se alkoi tuntua pieneltä[5]. Siinä oli vain 25 neliötä. Siihen toiseen asuntoon kyllästyin, kun olin kuunnellut vähän aikaa naapurin meteliä. Tämä uusi on kyllä paras. Se on tilava ja valoisa, eivätkä naapuritkaan häiritse.
— No, onnea nyt sitten vaan uuteen asuntoon.
— Kiitos.

LAIHDUTUSKUURI

— No hei. Se sinun laihdutuskuurisi on sujunut hienosti? Olet oikein hoikka nyt.
— Joo tällä kertaa onnistui. Tämä oli jo toinen kerta, kun yritin laihduttaa. Ensimmäinen kerta ei oikein onnistunut.
— Kuinkas siinä niin kävi[6]?
— No, minähän en ollut laihduttanut koskaan aikaisemmin. Aloitin liian nopeasti. Sain päänsärkyä ja huimausta ja jouduin lopettamaan kesken.
— Miltä[5] sinusta nyt tuntuu?
— Nyt minusta tuntuu oikein hyvältä[5].

Possessiivisuffiksi sijamuotojen kanssa

Possessiivisuffiksit liitetään tavallisesti sanan vartaloon, jossa on vahva konsonantti.

N	käsi			
Vartalo	kä**de**-	→	(minun) kä**te**ni	(meidän) kä**te**mme
			(sinun) kä**te**si	(teidän) kä**te**nne
			hänen kä**te**nsä	heidän kä**te**nsä
			Minun kä**te**ni on likainen.	

Jos sana on jossakin sijamuodossa, possessiivisuffiksi liitetään sanan loppuun. Sijapäätteen edellä on silloin tavallinen vartalo.

Vartalo	**+ sijapääte**	**+ possessiivisuffiksi**
käde	ssä	ni
kädessä**ni**		kädessä**mme**
kädessä**si**		kädessä**nne**
hänen kädessä**nsä**		heidän kädessä**nsä**

Jos päätteessä on yksinäiskonsonantti se katoaa, ja vartalo muuttuu taas vahvaksi (yksikön genetiivi, akkusatiivi, illatiivi ja monikon nominatiivi). Vrt.

Tässä on äi<u>d</u>i**n** valokuva.   Tässä on äi<u>t</u>ini valokuva.
äidi̸n+ni → äitini

Söitkö kaike**n** ruoa**n**?   Söitkö kaike**n** ruo<u>k</u>asi?
ruoa̸n+si → ruokasi

Milloin hän muuttaa   Milloin hän muuttaa
uutee**n** asunto**on**?   uutee**n** asunto**on**sa?
asuntoo̸n+nsa → asuntoonsa

Mistä ostit uude**t** ke<u>ng</u>ä**t**?   Mistä ostit uude**t** ke<u>nk</u>äsi?
kengä̸t+si → kenkäsi

Possessiivisuffiksi liitetään vain substantiiviin, ei adjektiiviin.

Puhekielessä possessiivisuffikseja käytetään vähän. Possessiivisuffiksin asemesta puheessa käytetään tavallisesti vain persoonapronominin genetiiviä: *minun kädessä*.

Kerron elämästäni

Minä olen syntynyt Helsingissä. Olen myös asunut täällä koko elämäni. Kun olin kuusivuotias, menin kouluun. Kirjoitin ylioppilaskokeen vuonna 1997 ja aloin opiskella teknillisessä korkeakoulussa. Kun olin opiskellut kolme vuotta[2], suoritin atk-suunnittelijan tutkinnon vuonna 2000. Pari vuotta aikaisemmin olin tavannut Annen, johon ihastuin. Anne ja minä aloimme seurustella. Huomasimme pian, että meillä oli paljon yhteistä: olimme syntyneet Helsingissä, olimme käyneet[6] samaa koulua ja pidimme molemmat hyvästä musiikista ja hyvästä ruoasta. Harrastamme myös kirjallisuutta.

Kun Anne ja minä olimme seurustelleet muutaman vuoden[2], aloimme miettiä tulevaisuuttamme. Halusimme muuttaa yhteen asumaan, mutta emme löytäneet sopivaa asuntoa. Me emme halunneet muuttaa Helsingin ulkopuolelle[7]. Helsingissä taas asunnot maksoivat liian paljon. Lopulta löysimme huoneiston, josta pidimme ja jonka pystyimme maksamaan. Muutimme yhteiseen asuntoomme viime vuonna. Nyt olemme asuneet uudessa asunnossamme jo vuoden[2]. Olemme viihtyneet oikein hyvin.

Pian sen jälkeen, kun olimme muuttaneet tänne, me tutustuimme Villeen ja Lauraan, jotka asuvat naapurissamme. Minä käyn[6] Villen kanssa lauantaina kuntosalilla, ja Anne käy[6] Lauran kanssa voimistelemassa. Olemme käyneet[6] yhdessä usein myös elokuvissa ja joskus tanssimassa. Muutenkin vietämme paljon aikaa yhdessä.

Keskustelua

OLETKO KÄYNYT SYÖMÄSSÄ?

– Oletko käynyt[6] jo syömässä?
– En ole.
– Lähdetkö kanssani?
– Joo, heti kun olen kirjoittanut tämän kirjeen.
– Meneekö[8] siihen vielä kauan?
– Ei, mutta minun täytyy sitten ensin käydä[6] ostamassa tupakkaa.
– Mitä, etkö sinä vieläkään ole lopettanut? Kuinka kauan sinä olet polttanut?
– Viisi vuotta. Kyllä minä vielä lopetan.

KUINKA KAUAN OLET ASUNUT TÄÄLLÄ?

– Kuinka kauan olet asunut Helsingissä?
– Olen asunut Helsingissä kaksi vuotta[2].
– Puhutko suomea?
– Puhun minä vähän. Olen opiskellut sitä nyt vuoden[2], mutta en ole puhunut paljon, koska kaikki haluavat puhua kanssani englantia.
– No, mehän[9] voimme puhua suomea.
– No, jos sinä haluat. Minä kyllä tarvitsen harjoitusta.

– Kuinka kauan Kaisa on tuntenut Roberton?
– Eiköhän[9] siitä ole kaksi vuotta, kun he tutustuivat. Joo, luulen, että he ovat tunteneet nyt kaksi vuotta.
– Onko Roberto käynyt[6] täällä Suomessa sen ensimmäisen kerran jälkeen?
– On. Roberto on käynyt[6] täällä ainakin kolme kertaa.
– Oliko hän käynyt[6] Suomessa, ennen kuin hän tutustui Kaisaan?
– Ei kai. Luultavasti hän ei ollut edes kuullut Suomesta ennen sitä.
– No, mitä he nyt sitten aikovat tehdä tulevaisuudessa?
– Jaa-a. En tiedä. Kaisa sanoi jotakin sellaista, että kun he ovat tunteneet vielä vähän aikaa, niin sitten he päättävät. Roberto on kai kysellyt työtä Suomesta.

– Milloin viet kirjat kirjastoon?
– Olen jo vienyt ne.

– Soitatko tänään Kaisalle?
– Olen jo soittanut hänelle.

- Oletko lukenut tämän kirjan?
- Olen.
- Oliko se hyvä?
- En tiedä. Olen minä lukenut parempaakin[10] kirjallisuutta.

Huomautuksia

1) Verbin *tietää* negatiivinen imperfekti

Verbin *tietää* negatiivinen imperfekti voidaan muodostaa infinitiivin vartalosta, kuten muillakin verbeillä. Tavallisesti verbistä kuitenkin käytetään lyhyempää muotoa. Vrt.

en tiennyt	(= en tietänyt)
et tiennyt	(= et tietänyt)
hän ei tiennyt	(= hän ei tietänyt)
emme tienneet	(= emme tietäneet)
ette tienneet	(= ette tietäneet)
he eivät tienneet	(= he eivät tietäneet)

2) Ajan määrite objektin asemassa, kun vastaamme kysymykseen *Kuinka kauan?*

Jos ajan määrite on yksi kuukausi, vuosi, viikko, päivä, tunti tai minuutti, se on akkusatiivissa positiivisessa lauseessa ja partitiivissa negatiivisessa lauseessa:

*Timo toivoi koko illa**n**.*

*Olin lomalla viiko**n**.*

*Nukuin tunni**n**.*

*En ollut lomalla viikko**a**.*

*En nukkunut tunti**akaan**.*

Jos määritteeseen liittyy numero, niin numero on nominatiivissa ja määrite partitiivissa:

*Olen opiskellut suomea **kaksi** vuot**ta**.*

*Olin lomalla **kolme** viikko**a**.*

*Nukuin **kuusi** tunti**a**.*

Negatiivisessa lauseessa kummatkin ovat partitiivissa:

*En ollut siellä kah**ta** kuukaut**ta**.*

3) *juuri* = tuskin

Hän ei puhunut juuri kenenkään kanssa. = Hän puhui tuskin kenenkään kanssa.

4) *päälle – päällä – päältä*

Mihin?	Päälle.	Siihen täytyy panna kansi päälle.
Missä?	Päällä.	Onko kansi päällä?
Mistä?	Päältä.	Otan kannen pois päältä.

5) *vaikuttaa – tuntuu – näyttää*

Kun halutaan sanoa, miltä jokin vaikuttaa, tuntuu tai näyttää, käytetään **lta/ltä**-muotoa. Henkilö, jolla vaikutelma tai tunne on, on **sta/stä**-muodossa.

*Asunto alkoi vaikuttaa minu**sta** pien**eltä**.*

Miltä sinusta nyt tuntuu? – Minusta tuntuu nyt hyvältä.
Näyttääkö tämä sinusta hyvältä?

6) Verbin *käydä* merkityksiä

Verbillä on monia merkityksiä.

1) Verbiä käytetään edestakaisesta liikkeestä: mennään johonkin ja tullaan pois sieltä: *Käyn postissa. Käyn kioskilla ostamassa lehden.*

2) 'sopia': *Käykö sinulle kello viisi?*

3) 'tapahtua, sattua': *Kuinkas siinä niin kävi?*

4) *käydä koulua: Olimme käyneet samaa koulua.*

7) *ulkopuolelle – ulkopuolella – ulkopuolelta*

Mihin?	Ulkopuolelle.
Missä?	Ulkopuolella.
Mistä?	Ulkopuolelta.

8) Ajan kulusta

Meneekö siinä kauan? = *Kestääkö se kauan?*

9) *han/hän*

han/hän pehmentää, kun puhuja vetoaa: *Mehän voimme puhua suomea.*

Lisäksi **han/hän** ilmaisee epäröintiä ja ihmettelyä tai itsestään selvyyttä: *Eiköhän siitä ole kaksi vuotta. Ethän sinä ole lihava.* Vrt. kpl 6 ja 7.

10) Komparatiivi

hyvä-sanan komparatiivi on *parempi*. Partitiivissa se on *parempaa*.

Sanatyypit

Vus/Vys

N	kirjallis**uus**	onnettom**uus**
P	kirjallisuutta	onnettomuutta
Vartalo	**kirjallisuude-**	**onnettomuude-**
Akk.	kirjallisuuden	onnettomuuden
G	kirjallisuuden	onnettomuuden
Ill.	kirjallisuuteen	onnettomuuteen
In.	kirjallisuudessa	onnettomuudessa
El.	kirjallisuudesta	onnettomuudesta
All.	kirjallisuudelle	onnettomuudelle
Ad.	kirjallisuudella	onnettomuudella
Abl.	kirjallisuudelta	onnettomuudelta

Muita: ystävällis**yys**, kaun**eus**, nor**uus**, vanh**uus**, rikk**aus**, köyh**yys**, tulevais**uus**

	in astevaihtelussa	
N	kei<u>t</u>**in**	y<u>d</u>**in**
P	keitintä	ydintä
Vartalo	kei**tt**ime-	y**t**ime-
Akk.	keittimen	ytimen
G	keittimen	ytimen
Ill.	keittimeen	ytimeen
In.	keittimessä	ytimessä
El.	keittimestä	ytimestä
All.	keittimelle	ytimelle
Ad.	keittimellä	ytimellä
Abl.	keittimeltä	ytimeltä

Muita: paahd**in**, pyyh**in**, kosket**in**, tuulet**in**, soit**in**, kirjoit**in**

Aikamuotojen käyttö

Imperfekti

Toiminta on alkanut ja päättynyt menneisyydessä. Toiminta liittyy yleensä johonkin tiettyyn ajankohtaan.

Kirjoitin aamulla kirjeen. (En kirjoita enää.)

Hän asui Lappeenrannassa kaksi vuotta. (Hän ei asu enää siellä.)

Perfekti

Toiminta on alkanut menneisyydessä ja jatkuu nyt. Perfektiä käytetään myös, kun itse toiminta on päättynyt, mutta sen tulos on jotenkin esillä puhehetkellä; toiminnan tulos näkyy, haisee/tuoksuu, tuntuu tai vaikuttaa vielä puhehetkellä, tai kun halutaan tietää tai kertoa, onko jokin toiminta ylipäänsä tapahtunut (ns. kokemusperfekti).

Olen kirjoittanut kirjeen. (Korostan lopputulosta.)

Hän on asunut Lappeenrannassa kaksi vuotta. (Hän asuu vieläkin Lappeenrannassa.)

Kuka täällä on polttanut tupakkaa? (Huoneessa on tupakansavua.)

Oletko siivonnut? (Huoneessa on siistiä.)

Oletko avannut ikkunat? (Huoneessa tuntuu vetoa.)

Oletko käynyt Kansallismuseossa? (Kokemusperfekti – Oletko kokenut tämän?)

Preesens

Preesens kuvaa toimintaa yleensä, jotakin mitä yleensä tapahtuu. Preesens kuvaa myös toimintaa juuri puhehetkellä tai viittaa tulevaisuuteen.

1) Jos lauseessa on partitiiviobjekti tai akkusatiiviobjekti + ajanilmaus, joka kuvaa toistuvaa toimintaa, preesens kuvaa toimintaa yleensä tai puhehetkellä.

Kaisa lukee kirjaa. (Nyt puhehetkellä.)

Kaisa lukee lehden joka aamu. (Toistuva toiminta.)

Kaisa lukee paljon. (Yleensä.)

2) Jos lauseessa on akkusatiiviobjekti ja/tai ajanilmaus, joka kertoo, kuinka kauan jotakin tapahtuu, preesens on futuurinen.

Luen tämän kirjan viikossa. (Tulos futuurissa.)

Kaisa lukee kirjan. (Tulos tärkeä. Toiminta ei ole toistuvaa.)

Kaisa lukee vielä kaksi tuntia. (Tästä eteenpäin kaksi tuntia.)

Huom! Preesensiä ei voi käyttää toiminnasta, joka tapahtuu puhehetkellä, mutta on alkanut menneisyydessä ja johon liittyy ajanilmaus, joka kuvaa kestoa.

Vrt. preesens, perfekti ja imperfekti:

– Preesens

Kaisa asuu Lappeenrannassa. (Nyt.)

Kaisa asuu Lappeenrannassa kesällä. (Yleensä, milloin.)

*Kaisa **asuu** Lappeenrannassa **kuukauden**.* (Futuuri.)

– Perfekti

*Kaisa **on asunut** Lappeenrannassa **kuukauden**.* (Muutti Lappeenrantaan kuukausi sitten ja asuu edelleen.)

– Imperfekti

*Kaisa **asui** Lappeenrannassa **kuukauden**.* (Ei asu enää.)

Pluskvamperfekti

Toiminta on alkanut ja päättynyt menneisyydessä ennen jotain toista toimintaa.

Kun olin kirjoittanut kirjeen, lähdin postiin.

Kun hän oli asunut Lappeenrannassa kaksi vuotta, hän muutti Porvooseen.

Mikä sija?

johtua + sta/stä	Mi**stä** tämä johtuu? Sii**tä**hän se johtuukin.
ruveta + maan/mään	Sinä rupeat siivoa**maan**.
kutsua + ⎰ **Vn, hVn, seen**	Hän kutsui minut teatter**iin**.
lle	Kutsuin hänet lounaa**lle**.
maan/mään	Kutsuin hänet mei**lle** syö**mään**.
ihastua +Vn, hVn, seen	Timo ihastui Kaisa**an**.
kyllästyä + -"-	Kyllästyin sii**hen** asunto**on** pian.
päästä + ⎰ **Vn, hVn, seen**	Kaisa pääsi uut**een** asunto**on**.
lle	Kaisa pääsi kurssi**lle**.
maan/mään	Timo ei päässyt puhu**maan** Kaisan kanssa.
harrastaa + P	Harrastamme kirjallisuu**tta**.
pystyä + maan/mään	Pystyimme maksa**maan** vain vähän.
G + ulkopuolelle	Emme halunneet muuttaa Helsingi**n** ulkopuolelle.
tutustua + Vn, hVn, seen	Hän tutustui Kaisa**an**.

Kappale 10

– Anteeksi, olisiko sinulla hetki aikaa?
– On. Miten voin auttaa?

– Saisinko häiritä?
– Totta kai.

– Voisitko sanoa, mitä kello on?
– Juu. Se on vähän vaille kuusi.

Konditionaali
isi

he-persoonan vartalo + **isi** + persoonapääte. Hän-persoonassa ei ole persoonapäätettä.

Konditionaalin preesens

Verbityypit 1, 3, 5			
He-persoona	**Vartalo**	**Konditionaali**	
a + isi → aisi			
he soittavat (soittaa)	→ soitta- →	soitta**isi**n	soitta**isi**mme
		soitta**isi**t	soitta**isi**tte
		soitta**isi**	soitta**isi**vat
ä + isi → äisi			
he tietävät (tietää)	→ tietä- →	tietä**isi**n	tietä**isi**mme
		tietä**isi**t	tietä**isi**tte
		tietä**isi**	tietä**isi**vat

o + isi → oisi

| he sanovat
(sanoa) | → | sano- | → | sanoisin
sanoisit
sanoisi | sanoisimme
sanoisitte
sanoisivat |

u + isi → uisi

| he puhuvat
(puhua) | → | puhu- | → | puhuisin
puhuisit
puhuisi | puhuisimme
puhuisitte
puhuisivat |

ö + isi → öisi

| he säilövät
(säilöä) | → | säilö- | → | säilöisin
säilöisit
säilöisi | säilöisimme
säilöisitte
säilöisivät |

y + isi → yisi

| he kysyvät
(kysyä) | → | kysy- | → | kysyisin
kysyisit
kysyisi | kysyisimme
kysyisitte
kysyisivät |

i + isi → isi

| he oppivat
(oppia) | → | oppi- | → | oppisin
oppisit
oppisi | oppisimme
oppisitte
oppisivat |

e + isi → isi

| he lukevat
(lukea) | → | luke- | → | lukisin
lukisit
lukisi | lukisimme
lukisitte
lukisivat |

| he tulevat
(tulla) | → | tule- | → | tulisin
tulisit
tulisi | tulisimme
tulisitte
tulisivat |

| he pesevät
(pestä) | → | pese- | → | pesisin
pesisit
pesisi | pesisimme
pesisitte
pesisivät |

| he tarvitsevat
(tarvita) | → | tarvitse- | → | tarvitsisin
tarvitsisit
tarvitsisi | tarvitsisimme
tarvitsisitte
tarvitsisivat |

Huom! Samoin taipuvat *panna, mennä, purra* ja *surra*.

panna	mennä	purra	surra
panisin	menisin	purisin	surisin
panisit	menisit	purisit	surisit
panisi	menisi	purisi	surisi
panisimme	menisimme	purisimme	surisimme
panisitte	menisitte	purisitte	surisitte
panisivat	menisivät	purisivat	surisivat

Huom! olla

olisin	olisimme
olisit	olisitte
olisi	olisivat

Verbityyppi 2
He-persoona   **Vartalo**   **Konditionaali**

VV + isi → Visi

he saavat	→	saa-	→	saisin	saisimme
(saada)				saisit	saisitte
				saisi	saisivat

uo + isi → oisi

he juovat	→	juo-	→	joisin	joisimme
(juoda)				joisit	joisitte
				joisi	joisivat

yö + isi → öisi

he syövät	→	syö-	→	söisin	söisimme
(syödä)				söisit	söisitte
				söisi	söisivät

oi/öi + isi → oisi/öisi

he arvioivat	→	arvioi-	→	arvioisin	arvioisimme
(arvioida)				arvioisit	arvioisitte
				arvioisi	arvioisivat

Huom! Verbit *viedä, käydä, tehdä* ja *nähdä* konditionaalissa:

viedä	käydä
veisin	kävisin
veisit	kävisit
veisi	kävisi
veisimme	kävisimme
veisitte	kävisitte
veisivät	kävisivät

tehdä ja **nähdä**

He-persoona		Vartalo		Konditionaali	
he tekevät	→	teke-	→	tekisin	tekisimme
				tekisit	tekisitte
				tekisi	tekisivät
he näkevät	→	näke-	→	näkisin	näkisimme
				näkisit	näkisitte
				näkisi	näkisivät

Verbityyppi 4

He-persoona		Vartalo		Konditionaali	
he haluavat (haluta)	→	halua-	→	haluaisin	haluaisimme
				haluaisit	haluaisitte
				haluaisi	haluaisivat

VV + isi → Visi

he tapaavat (tavata)	→	tapaa-	→	tapaisin	tapaisimme
				tapaisit	tapaisitte
				tapaisi	tapaisivat

Negatiivinen konditionaali

Negatiivinen verbi + konditionaalin minä-persoonan vartalo

soittaisin → soittaisi-
↓

en	soittaisi
et	soittaisi
ei	soittaisi
emme	soittaisi
ette	soittaisi
eivät	soittaisi

VOISITTEKO – OTTAISIN – HALUAISITKO – LÄHTISITKÖ – AUTTAISITTEKO

— Anteeksi, voisitteko kertoa, missä Annankatu on?
— Se on seuraava poikkikatu.

— Ottaisin tämän takin. Voisitteko sanoa, missä kassa on?
— Se on tuolla hissin luona[1].

— Haluaisitko viiniä?
— Ei kiitos. Joisin mieluummin[2] olutta, jos sinulla on.

— Lähtisitkö uimaan illalla?
— Lähtisin mielelläni[2], mutta en haluaisi jättää tätä juttua kesken. Minulla on juuri nyt niin hyvä työvire. Niin että ehkä jokin toinen kerta.

— Auttaisitteko minua nostamaan tämän laukun?
— Tietysti.

Konditionaalin käyttö:

1) Kohtelias pyyntö:
Soittaisitko minulle illalla?
Saisimmeko pari lasia viiniä?
Veisitkö tämän kirjeen postiin?
Saisinko lasin vettä?

Haluaisin avata tilin.
Nostaisin 200 euroa.
Tallettaisin 500 euroa.
Joisin mielelläni[2] olutta.
Ottaisin kaksi kirjemerkkiä.
Haluaisin lasin vettä.

2) Kohtelias kysymys:
Sanoisitteko, mitä kello on?
Söisitkö jotakin?
Menisimmekö teatteriin?

3) Painokas pyyntö: sinä/te-persoona ilman *ko/kö*-päätettä
Lukisit tämän artikkelin.
Tulisit luokseni[1] illalla.
Avaisitte ikkunan.
Istuisit.
Et valittaisi aina.

4) Konditionaalinen käyttö:
En haluaisi lähteä sinne.
Et tuntisi häntä enää, jos näkisit hänet nyt.
Jos joku olisi joskus sanonut, että minä joskus vielä matkustaisin Aasiaan, en olisi ikinä uskonut, että niin tapahtuu.
Ei olisi uskonut, että Pekkakin menee naimisiin[3].

Mitä mieluiten[2] tekisin?

Joskus leikin ajatuksella, että olisin joku muu kuin olen. Mitä tekisin, jos minulla olisi paljon rahaa eikä minun tarvitsisi tehdä työtä? Jotain minun kuitenkin täytyisi tehdä. En osaisi vain olla. Ensin tietysti muuttaisin isoon, valoisaan asuntoon, josta olisi mukava näköala kaupunkiin tai merelle. Asuntoon hankkisin tietysti kaikki kodin tärkeät koneet: astianpesukoneen, pyykinpesukoneen, ison jääkaapin ja pakastimen ja tietysti siellä täytyisi olla myös sähkö- tai kaasuliesi. Koska kuitenkin tekisin jotakin työtä, ainakin kirjoittaisin silloin tällöin, ostaisin nopean tietokoneen, tulostimen ja kaikki laajakaistapalvelut. Tietokoneeseen haluaisin tietysti tekstinkäsittelyohjelman ja ehkä muutaman pelin.

Kesällä veneilisin isolla moottoriveneellä saaristossa. Veneen pitäisi olla niin iso, että voisin asua siinä mukavasti vaikka kuukauden tai vaikka kaksi kuukautta. Kävisin välillä vain ostamassa ruokaa ja bensaa satamasta. Päivällä uisin, ottaisin aurinkoa, lukisin ja ehkä kalastaisinkin vähän. En tietenkään olisi yksin. Ottaisin mukaan kaikki hyvät ystävät.

Talvella matkustaisin johonkin lämpimään maahan. Ehkä vuokraisin itselleni asunnon myös jostain Euroopan kaupungista. Olisi kiva aina välillä asua muualla kuin Helsingissä. En kyllä haluaisi asua missään suurkaupungissa, mieluiten[2] jossain pikkukaupungissa.

Miltähän ihan oikeasti tuntuisi olla rikas?

Keskustelua

SOITTAISITKO?

- Soittaisitko minulle illalla?
- Mihin aikaan?
- Olen kotona varmaan kuuden jälkeen.
- Hyvä on. Minä soitan.

RAVINTOLASSA

- Päivää. Mitähän Teille saisi olla?
- Söisin jotakin pientä.
- Maistuisiko keitto tai salaatti?
- Voisin ottaa salaattia. Mitä salaattia teillä on?
- Katkarapusalaattia ja kreikkalaista salaattia.
- Otan katkarapusalaattia.
- Entä juotavaa?
- Vettä. Kiitos.

HYVÄ JUTTU

- Lukisit tämän jutun. Se on hyvä.
- Mitä se käsittelee?
- Se käsittelee kulttuurin ja kielen suhdetta.
- Ai, no lainaisitko sen minulle?
- Totta kai. Olen lukenut sen enkä tarvitse sitä enää.

LOTTO

- Mitä sinä tekisit jos voittaisit 3 miljoonaa lotossa?
- Ostaisin ison kauniin asunnon, matkustaisin maailman ympäri, söisin hyvää ruokaa ja joisin samppanjaa. Mitä sinä tekisit?
- Hankkisin ison purjeveneen ja purjehtisin maailman ympäri.

Konditionaalin perfekti

> **olla**-verbin konditionaali + pääverbin **nut/nyt, neet** -muoto
>
> **Positiivinen konditionaalin perfekti**
>
> olisin sanonut olisimme sanoneet
> olisit sanonut olisitte sanoneet
> olisi sanonut olisivat sanoneet
>
> **Negatiivinen konditionaalin perfekti**
>
> en olisi sanonut emme olisi sanoneet
> et olisi sanonut ette olisi sanoneet
> ei olisi sanonut eivät olisi sanoneet

Keskustelua

– Olisitko halunnut[4] toisen kupin kahvia?
– No, oikeastaan joo, kiitos.

– En olisi mennyt katsomaan filmiä, jos olisin tiennyt, kuinka huono se on.
– Aivan. Minä olisin voinut kertoa sinulle, että se on huono. Kävin katsomassa sen saman filmin viime viikolla.

ALENNUSMYYNTI

– Minun ei olisi pitänyt mennä eilen sinne alennusmyyntiin.
– Olisit kuunnellut minua. Minähän sanoin, että se olisi kamalaa. Siellä on niin hirveä tungos, kun on ale.
– Eihän se tungos mitään. Mutta kun minulla ei olisi oikeastaan ollut varaa tuhlata rahaa, enkä voinut vastustaa, kun löysin niin ihanan takin. Kun olin pannut sen päälleni[5], en olisi voinut enää elää ilman sitä. Sitä paitsi jos olisin joutunut maksamaan siitä täyden hinnan, se olisi ollut vielä kalliimpi[6]. Nyt sain sen aika edullisesti.
– Mitä sinä maksoit siitä takista?
– 152.
– Mitä se olisi muuten maksanut?
– Melkein 270 euroa.
– Oli siinä aika iso alennus. Kyllä se kannatti ostaa.

PANKISSA

- Päivää.
- Päivää.
- Minä haluaisin avata tilin.
- Tavallisen talletustilin, jolle tulee palkka, vai?
- Juu sellaisen.
- Otatteko myös palvelupaketin?
- Mitä siinä on?
- Siihen kuuluu pankkikortti, tiliote kerran kuussa ja maksuautomaattipalvelut. Automaatin käyttö on siis maksutonta. Jos maksatte laskunne tiskillä, se on maksullista. Palvelupaketin kuukausimaksu on kaksi euroa.
- Voiko sillä kortilla maksaa myös kaupassa ja ravintolassa, vai onko se vain automaattikäyttöä varten?
- Kyllä voi. Sillä voi maksaa ihan missä vain, mutta jos lasku on suuri, täytyy olla mukana henkilötodistus.
- No jos minä sitten ottaisin sellaisen palvelupaketin.
- Täyttäisittekö tämän henkilötietokaavakkeen? – Kiitos. Ja tässä olisi korttinne ja tässä tunnuslukunne. Se kannattaa opetella ulkoa. Ainakaan sitä ei pitäisi pitää samassa paikassa kuin korttia. Jos kadottaa lompakon ja siellä on kortin tunnusluku, kuka tahansa voi nostaa rahat tililtänne. – Ai niin. Allekirjoittaisitteko vielä tämän.
- Kiitos.
- Kiitos ja näkemiin.

Huomautuksia

1) *luokse – luona – luota*

Mihin?	luokse	*Menetkö Kaisan luokse?*
Missä?	luona	*Kassa on hissin luona.*
Mistä?	luota	*Tulen Kaisan luota.*

Pääsana on postposition kanssa genetiivissä: *kaupan luona, Maijan luokse, oven luota*. Jos postpositio liittyy persoonapronominiin, genetiiviä ei yleensä tarvita; silloin käytetään vain possessiivisuffiksia: *luokseni, luonasi, luotamme*. Huomaa kuitenkin: *hänen luonaan, heidän luokseen*.

2) *mielelläni – mieluummin – mieluiten*

Komparatiivi: *mieluummin*

— *Menisimmekö teatteriin?*
— *Minä menisin mieluummin elokuviin.*

Superlatiivi: *mieluiten*

Mieluiten asuisin jossakin pikkukaupungissa.

Adverbin *mielelläni, mielelläsi* jne. kanssa käytetään aina possessiivisuffiksia, mutta sen komparatiivi- ja superlatiivimuodoissa ei possessiivisuffiksia ole.

3) *naimisiin – naimisissa*

mennä naimisiin

olla naimisissa

4) **Konditionaalin perfekti kohteliaassa kysymyksessä**

Joskus konditionaalin perfektiä käytetään kohteliaassa kysymyksessä, vaikka ei viitata menneeseen aikaan, vaan nykyhetkeen tai tulevaisuuteen.

Olisitko halunnut toisen kupin kahvia? = Haluatko toisen kupin kahvia?

Olisitko halunnut lainata rahaa? = Haluaisitko lainata rahaa?

5) *panna päälle* = **pukea**

Panin takin päälleni. = Puin takin.

Sanan *päälle* kanssa käytetään pukemisesta puhuttaessa yleensä possessiivisuffiksia. Samoin possessiivisuffiksia käytetään usein puhuttaessa ruumiinosista (*Mitä sinulla on kädessäsi?*).

6) *kalliimpi*

Sana *kalliimpi* on adjektiivin *kallis* komparatiivi.

7) **Lukusanan *tuhat* taivutus**

N	tuhat
P	tuhatta
Vartalo	tuha**nne**-
G	tuhannen
Ill.	tuhanteen
In.	tuhannessa
El.	tuhannesta
All.	tuhannelle
Ad.	tuhannella
Abl.	tuhannelta

Sanatyypit

	lämmin
N	lämmin
P	lämmintä
Vartalo	**lämpimä-**
Akk.	lämpimän
G	lämpimän
Ill.	lämpimään
In.	lämpimässä
El.	lämpimästä
All.	lämpimälle
Ad.	lämpimällä
Abl.	lämpimältä

Muita samalla tavalla taipuvia sanoja ei ole.

	ton/tön	
N	maksu**ton**	väri**tön**
P	maksutonta	väritöntä
Vartalo	**maksuttoma-**	**värittömä-**
Akk.	maksuttoman	värittömän
G	maksuttoman	värittömän
Ill.	maksuttomaan	värittömään
In.	maksuttomassa	värittömässä
El.	maksuttomasta	värittömästä
All.	maksuttomalle	värittömälle
Ad.	maksuttomalla	värittömällä
Abl.	maksuttomalta	värittömältä

Muita: valo**ton**, isä**tön**, suola**ton**, mau**ton**, puu**ton**, une**ton**

Sananmuodostusta

ton/tön- ja llinen-adjektiivit

Substantiivista voi tehdä adjektiivin, joka ilmaisee ilman olemista, liittämällä substantiivin vartaloon johtimen *ton/tön*.

maksu →	maksu- →	maksu**ton**	= sellainen, josta ei mene maksua
väri →	väri- →	väri**tön**	= sellainen, jossa ei ole väriä
valo →	valo- →	valo**ton**	= sellainen, jossa ei ole valoa

isä →	isä- →	isä**tön**	= sellainen, jolla ei ole isää
suola →	suola- →	suola**ton**	= sellainen, jossa ei ole suolaa
maku →	mau- →	mau**ton**	= sellainen, jossa ei ole makua
puu →	puu- →	puu**ton**	= sellainen, missä ei ole puita
uni →	une- →	une**ton**	= sellainen, joka ei saa unta

llinen-adjektiivit

Substantiivista voi tehdä adjektiivin, joka ilmaisee jonkin mukana olemista, liittämällä substantiivin vartaloon johtimen *llinen*.

maksu →	maksu- →	maksu**llinen**	= sellainen, josta menee maksu
väri →	väri- →	väri**llinen**	= sellainen, jossa on väri
vika →	via- →	via**llinen**	= sellainen, jossa on vika

Huom! Tällä johtimella ei voi tehdä adjektiivia mistä tahansa substantiivista. Esimerkiksi sanasta *suola* vastaava adjektiivi on *suolainen* ja sanasta *maku* taas *maukas*. Joskus sanan merkityskin voi olla muuta, esim *isällinen* ei ole sellainen, jolla on isä, vaan *isällinen* on henkilö, joka käyttäytyy kuin isä.

Mikä sija?

G + luona	Puhelin on hissi**n** luona.
auttaa + maan/mään	Auttaisitteko minua nosta**maan** tämän laukun?
G + ympäri	Matkustaisin maailma**n** ympäri.
ilman + P	En voisi olla ilman si**tä** takki**a**.
maksaa + sta/stä	Mitä sinä maksoit siitä taki**sta**?
kuulua + Vn, hVn, **seen; lle**	Palvelupaketti**in** kuuluu tiliote.
	Kuuluvatko nämä paperit sinu**lle**?
pitää + obj.	Ei ole hyvä pitää tunnusluku**a** samassa paikassa kuin pankkikortti**a**. (Vrt. myös kpl 7)
nostaa tililtä	Nostaisin tä**ltä** tili**ltä** tuhat euroa.
tallettaa tilille	Tallettaisin tä**lle** tili**lle** tuhat euroa.

Kappale 11

Mitä kuvassa tehdään?

Tässä tehdään remonttia.

Tässä rakennetaan taloa.

Tässä juhlitaan vappua.

Tässä katsotaan televisiota.

Passiivin preesens

Positiivinen
taan/tään
an/än

Verbityyppi 1
Minä-persoonan vartalo + **taan/tään**

Infinitiivi	Minä-persoonan	Vartalo	Passiivi
sanoa	sanon	sano-	sano**taan**
puhua	puhun	puhu-	puhu**taan**
kysyä	kysyn	kysy-	kysy**tään**
lukea	luen	lue-	lue**taan**
saapua	saavun	saavu-	saavu**taan**
lähteä	lähden	lähde-	lähde**tään**

Huom! Jos vartalon lopussa on *a* tai *ä*, se muuttuu *e*:ksi passiivissa: *a/ä* → *e*.

tietää	tiedän	tied<u>ä</u>-	tied<u>e</u>**tään**
ostaa	ostan	ost<u>a</u>-	ost<u>e</u>**taan**
jakaa	jaan	ja<u>a</u>-	ja<u>e</u>**taan**
kirjoittaa	kirjoitan	kirjoit<u>a</u>-	kirjoit<u>e</u>**taan**

Verbityypit 2, 3, 4 ja 5
Infinitiivi + **an/än**

Infinitiivi	Passiivi
saada	saada**an**
syödä	syödä**än**
juoda	juoda**an**
viedä	viedä**än**
käydä	käydä**än**
nähdä	nähdä**än**
tehdä	tehdä**än**
tulla	tulla**an**
ajatella	ajatella**an**
hymyillä	hymyillä**än**
pestä	pestä**än**

Huom! Samoin taipuvat verbit *panna, mennä, purra* ja *surra: panna**an**, mennä**än**, purra**an**, surra**an**.*

tavata	tavata**an**
osata	osata**an**
herätä	herätä**än**
avata	avata**an**
tarvita	tarvita**an**
valita	valita**an**
häiritä	häiritä**än**

Negatiivinen passiivin preesens

Negatiivinen verbi *ei* + pääverbin passiivi, josta poistetaan lopusta *an/än*.

Positiivinen miinus an/än		Negatiivinen
sanotaan	→	ei sanota
puhutaan	→	ei puhuta
kysytään	→	ei kysytä
luetaan	→	ei lueta
saavutaan	→	ei saavuta
lähdetään	→	ei lähdetä
tiedetään	→	ei tiedetä
ostetaan	→	ei osteta
jaetaan	→	ei jaeta
kirjoitetaan	→	ei kirjoiteta
saadaan	→	ei saada
syödään	→	ei syödä
juodaan	→	ei juoda
viedään	→	ei viedä
käydään	→	ei käydä
nähdään	→	ei nähdä
tehdään	→	ei tehdä
tullaan	→	ei tulla
ajatellaan	→	ei ajatella

hymyillään	→	ei hymyillä
pestään	→	ei pestä
tavataan	→	ei tavata
osataan	→	ei osata
herätään	→	ei herätä
avataan	→	ei avata
tarvitaan	→	ei tarvita
valitaan	→	ei valita
häiritään	→	ei häiritä

KAUPAT AVATAAN YHDEKSÄLTÄ.

– Milloin kaupat avataan?
– Jotkut avataan jo kahdeksalta ja jotkut yhdeksältä.

LEHDESSÄ KERROTAAN...

– Lehdessä kerrotaan suuresta junaonnettomuudesta.
– Missä se on tapahtunut?
– Jossain Helsingin lähellä.

KUTSUTAAN HUOLTOMIES!

– Tätä pesukonetta ei kyllä nyt saada kuntoon, jos ei kutsuta huoltomiestä.
– Mikä siinä on?
– Se huuhtelee, mutta ei linkoa eikä vesi tule ulos.

MIHIN LÄHDETÄÄN?

– Lähdetään teatteriin.
– Ei lähdetä. Sinne on niin vaikea saada lippua. Mennään mieluummin elokuviin.
– No, sama se minulle. Mennään sitten elokuviin.

ME KÄYDÄÄN LAUANTAINA SAUNASSA.

– Lähdettekö konserttiin meidän kanssamme tänään?
– Ei me viitsitä. Me käydään aina lauantaina saunassa.
– Saunassahan voi käydä milloin vain. Tämän viulukonsertin pitäisi olla oikein erityisen hyvä.
– Niin no[1], kai sitä kuuntelee, jos pitää viulumusiikista. Minä en erityisemmin[2] välitä. Pidän enemmän pianomusiikista.

Passiivin käyttö

1) Puhekielen me-persoona

Me lähdetään lomalle.	= Lähdemme lomalle.
Juodaanko kahvia?	= Juommeko kahvia?
Me ei lähdetä viel tänää.	= Me emme lähde vielä tänään.
Me ei haluta häiritä teitä.	= Emme halua häiritä teitä.

2) Puhekielen me-imperatiivi

Kun passiivia käytetään puhekielen me-imperatiivina, lause alkaa aina verbillä.

Lähdetään elokuviin!
Ei mennä vielä nukkumaan!
Ajatellaan asiaa!
Soitellaan!
Nähdään!
Ei unohdeta ostoslistaa!
Syödään jotakin!

3) Varsinainen passiivi

Passiivinen merkitys verbimuodolla on, kun se ei aloita lausetta. Lauseen alussa on tällöin tavallisesti objekti tai paikan- tai ajanilmaus.

Objekti	**Tiedosto** tallennetaan klikkaamalla[3] kuvaketta.
Paikanilmaus	**Talossa** tehdään remontti ensi keväänä.
Ajanilmaus	**Lauantaina** avataan keskustaan uusi ravintola.

Huom! Koska **ko/kö**-muotoinen verbi aloittaa aina kysymyslauseen, näin on tietysti myös passiivisessa kysymyslauseessa (esim. *Puhutaanko Suomessa venäjää?*). Samoin voi verbi aloittaa passiivilauseen, jos vastataan kysymykseen, joka on juuri välittömästi edellä esitetty.

– Syödäänkö Suomessa paljon riisiä?
– Ei syödä. Suomessa syödään etupäässä perunaa.

– Puhutaanko Suomessa ruotsia?
– Puhutaan. Suomessa puhutaan suomea ja ruotsia.

Objekti passiivilauseessa

Passiivilauseen objekti on nominatiivissa tai partitiivissa.

A) Objekti on **partitiivissa**, kun
1. Lause on **negatiivinen**
   Kesämökki**ä** ei lämmitetä talvella.
   Rappukäytävä**ä** ei pestä joka päivä.
   Piha**a** ei lakaista sunnuntaina.

2. objekti on **ainesana**
   Mysli**ä** syödään jogurtin kanssa.
   Suomessa juodaan kahvi**a** enemmän kuin tee**tä**.
   Rypsistä valmistetaan öljy**ä**.

3. lause on **prosessi**
   Täällä tehdään nyt juuri remontti**a**.
   Vinttiin rakennetaan uut**ta** sauna**a**.
   Mi**tä** käyttöjärjestelmä**ä** tässä käytetään?

B) Objekti on **nominatiivissa**, kun lause on **tulos**.
   Elokuva esitetään ensi keskiviikkona.
   Ostetaan Kaisalle **kirja**!
   (Vrt. Ostamme Kaisalle kirja**n**.)
   Me aiotaan hankkia **koira**.
   (Vrt. Aiomme hankkia koira**n**.)

Indefiniittipronomini *joku*

N	joku	Joku soitti sinulle.
P	jotakuta	Etsittekö jotakuta?
Vartalo	jo- + ku-	
Akk.	jonkun	Tapasitko jonkun siellä?
G	jonkun	Täällä on jonkun lompakko.
Ill.	johonkuhun	Kaisa on ihastunut johonkuhun italialaiseen.
In.	jossakussa	
El.	jostakusta	Juoruatteko te taas jostakusta?
All.	jollekulle	Kai myi autonsa jollekulle oululaiselle.
Ad.	jollakulla	Kun jollakulla on nimipäivä, juhlitaan.
Abl.	joltakulta	Sinulle tuli kortti joltakulta.
Mon. N	jotkut	Haluaisin jotkut vaaleat housut.

Pronominin *joku* nominatiivia, akkusatiivia ja genetiiviä käytetään varsinkin puhekielessä usein myös esineistä, asioista ja eläimistä: *Jotkut kaupat avataan jo kahdeksalta.*

Suomalaiset juhlapyhät

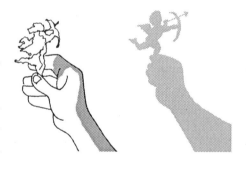

Suomalaisessa kalenterissa on kuusi suurta juhlaa. Ensimmäinen on uudenvuodenaatto. Uudenvuodenaattona mennään ravintolaan tai järjestetään kotona juhla. Juhlaan kutsutaan kaikki hyvät ystävät. Ennen juhlaa tehdään paljon hyvää ruokaa, ostetaan kalaa, lihaa, salaattia, juustoa ja samppanjaa. Illalla syödään, juodaan ja tanssitaan. Pääkaupungissa mennään Senaatintorille kuuntelemaan pormestarin puhetta. Kun vuosi vaihtuu, toivotetaan hyvää uutta vuotta. Sen jälkeen mennään kotiin, valetaan tinaa ja katsotaan tinasta tulevaisuutta.

Seuraava juhla on pääsiäinen. Pääsiäisenä syödään lammaspaistia, mämmiä ja pashaa. Lapset saavat suklaamunan. Narsissit, pajunkissat, noidat ja pienet keltaiset tiput koristavat kotia.

1. toukokuuta on vappu, joka on kevään juhla. Sitä juhlivat työläiset ja ylioppilaat. Se on suomalainen karnevaali. Vappuna juhlitaan vauhdikkaasti, lähdetään ulos, istutaan ravintolassa, lauletaan, tanssitaan ja seurustellaan iloisesti. Lapset  saavat ilmapallon, viuhkan ja pillin. Torilta ostetaan myös hassu naamari. Pääkaupungissa käydään Linnanmäellä, joka on Helsingin huvipuisto. Vappuna syödään tippaleipää ja juodaan simaa.

Juhannus oli ennen aina 24. kesäkuuta, mutta nyt sitä vietetään viikonloppuna. Juhannus on keskikesän ja valon juhla. Silloin ollaan maalla tai merellä ja valvotaan, nautitaan keskikesän auringosta. Järven rantaan rakennetaan kokko ja se poltetaan keskiyöllä. Monet menevät juhannuksena naimisiin.

Itsenäisyyspäivä on 6. joulukuuta. Suomi sai itsenäisyyden vuonna 1917. Itsenäisyyspäivänä järjestetään presidentin linnassa itsenäisyyspäivän vastaanotto. Ylioppilaat marssivat soihtukulkueessa pääkaupungissa. Illalla sytytetään ikkunalle kaksi kynttilää. Itsenäisyyspäivän juhla on hyvin arvokas.

Jouluaatto on 24. joulukuuta. Ennen joulua leivotaan paljon. Piparkakut ja joulutortut tuoksuvat talossa. Jouluaattona iltapäivällä käydään hautausmaalla viemässä kynttilä jokaisen omaisen haudalle. Jouluillallinen syödään noin kello 6 ja siihen kuuluvat graavi lohi ja rosolli, kinkku, lanttu-, porkkana-, ja perunalaatikko, lipeäkala ja riisipuuro. Illallisen jälkeen jaetaan lahjat. Lapset odottavat joulupukkia, joka tuo lahjat. Suomessa sanotaan, että jouluna saa syödä yölläkin.

Lisäksi Suomessa vietetään laskiaista. Laskiainen on helmi – maaliskuun vaihteessa. Toukokuun toinen sunnuntai on äitienpäivä. Elokuussa pidetään rapujuhlat. Loka – marraskuussa on pyhäinpäivä. Marraskuussa ja joulukuussa vietetään pikkujoulua. Kun jollakulla on nimipäivä, hän tarjoaa kahvia ja pullaa työpaikalla. Syntymäpäivä on tavallisesti perhejuhla, mutta varsinkin lapselle voidaan järjestää suuret lastenkutsut. Pyöreät vuodet tarkoittavat sitä, että joku täyttää 40 tai 50 tai 60 tai 70 vuotta, ja silloin järjestetään yleensä suuret juhlat. Sinne tulevat sukulaiset, ystävät, tuttavat ja työtoverit.

Juhlapyhät

Mikä juhla?	Milloin?
aatto	aatto**na**
uusi vuosi	uute**na** vuote**na**
pääsiäinen	pääsiäise**nä**
vappu	vappu**na**
juhannus	juhannukse**na**
itsenäisyyspäivä	itsenäisyyspäivä**nä**
joulu	joulu**na**
laskiainen	laskiaise**na**

Resepti

Pasha

200 g voita
2 dl sokeria
4 kananmunan keltuaista
2 tlk maitorahkaa tai 5 dl rahkaa
2 dl kermaa
sukaattia
100 g mantelia
sitruunan kuori ja mehu
1 tl vaniljasokeria

Voi ja sokeri vatkataan.
Keltuaiset lisätään vähitellen vatkaamalla[3].
Maitorahka sekoitetaan joukkoon.
Kerma vatkataan niin, että siitä tulee vaahtoa ja lisätään joukkoon. Mantelit jauhetaan ja lisätään joukkoon.
Sitruunan kuori (keltainen) raastetaan ja mehu puristetaan joukkoon. Lopuksi lisätään sukaatti ja vaniljasokeri.
Reiälliseen astiaan pannaan harsokangas.
Pashataikina kaadetaan astiaan.
Harsokankaan reunat käännetään taikinan päälle ja sen päälle pannaan kevyt paino.
Pasha pidetään painon alla[4] jääkaapissa vuorokausi.
Pashaa tarjotaan kahvin kanssa.

Keskustelua

PARTURISSA

- Päivää.
- Päivää. Minä haluaisin tukan leikkauksen.
- Oletteko varannut ajan?
- No, en kyllä ole. Olisiko pitänyt?
- No, katsotaan, olisiko täällä tilaa nyt. Kyllä, jos voitte odottaa vähän aikaa, viisitoista minuuttia.
- Voin minä.

(Hetken kuluttua)

- No niin, olkaa hyvä. Istuisitteko tähän? Paljonko leikataan?
- Se saisi olla ihan lyhyt.
- No niin, miltäs tämä näyttää?
- Joo-o.
- Ajetaanko parta myös?
- Ei ajeta kokonaan, mutta jos sitä voisi vähän siistiä.
- No niin, valmista tuli.
- Kiitos. Ja mitähän olen velkaa[5]?
- Kolmekymmentäkolme. Kiitos ja tervetuloa uudelleen.
- Kiitos. Näkemiin.
- Näkemiin.

KAMPAAJALLA

- Päivää. Minulla on aika kello 12 nimellä Miettinen.
- Kyllä. Ole hyvä, tänne näin.
- Kiitos. Minulle tuli[6] leikkaus, pesu ja föönaus.
- Miten leikataan?
- Tasoitetaan vain latvat. Olen vähän ajatellut sävytystä, mutta en haluaisi kestosävytystä.
- No, tehdään sellainen sävytys, joka lähtee pesussa.
- Joo, muutama kiva raita esimerkiksi toiselle puolelle päätä.
- Millaista sävyä laitetaan?
- Jos laittaisi vihreätä.
- Kyllä. Siitä tulee varmasti hauskan näköinen[7].

(Hetken kuluttua)

- No niin. Mitäs pidät?
- Tästähän tuli ihan kiva. Mitä tämä tekee[5]?
- Yhdeksänkymmentä. Kiitos ja tervetuloa taas.
- Kiitos. Hei hei.

PESULASSA

- Päivää.
- Päivää.
- Tämä pusero ja hame pitäisi pestä kuivapesussa, mutta tästä peitosta en tiedä.
- Katsotaan. Täällä on jossain pesuohje. Vesipesu, tämä on puuvillaa.
- Tehdäänkö teillä myös prässäystä. Minulla on sellainen pikkutakki, jota ei oikeastaan tarvitsisi pestä. Riittää, jos se prässätään.
- Kyllä meillä prässätään.
- No minä tuon sen sitten, kun haen nämä. Milloin ne voi hakea?
- Puseron ja hameen voi hakea huomenna, mutta tuota peittoa en voi luvata ennen kuin ensi viikolla. Tässä lapussa on päiväys, jolloin voitte hakea ne.
- Kiitos. Näkemiin.
- Näkemiin.

SUUTARISSA

- Päivää.
- Päivää.
- Korkolaput.
- Odotatteko vai tuletteko hakemaan?
- Minä tulen huomenna hakemaan. Korjataanko teillä myös muuta nahkatavaraa? Minulla on sellainen käsilaukku, jonka hihna on melkein irti.
- Kyllä vain.
- Ai niin, olin unohtaa[8]. Tarvitsen toisen tällaisen avaimen. Sen ottaisin nyt heti.

TIETOKONEONGELMA

- Että[9] tämä on hankalaa. Miten minä oppisin käyttämään tätä tietokonetta?
- Sen oppii vain harjoittelemalla[3] ja kirjoittamalla[3] joka päivä paljon.
- Niinhän minä olen yrittänyt tehdä, mutta hermostun, aina tulee joku ongelma.
- Mikä ongelma sinulla nyt on? Yritetään ratkaista se yhdessä.
- Minä haluaisin siirtää tämän tekstipätkän alkuun.
- Sehän on helppoa. Menet ensin tekstipätkän alkuun, painat hiiren vasenta näppäintä ja vedät kursorin tekstipätkän loppuun. Sitten valitset CtrlX, menet nuolinäppäimellä siihen paikkaan, mihin haluat tekstin ja painat CtrlV.

Toivotuksia

Hauskaa uutta vuotta!
Hyvää pääsiäistä!
Hauskaa vappua!
Hauskaa juhannusta!
Hyvää ja rauhallista joulua!
Hauskaa syntymäpäivää!
Onneksi olkoon!
Onnea!
Kaikkea hyvää!
Hyvää jatkoa!
Hyvää vuodenjatkoa!
Hyvää päivän jatkoa!

Lyhenteitä

dl	desilitra
esim.	esimerkiksi
g	gramma
huom!	huomaa
jne.	ja niin edelleen
kg	kilogramma
kk	kuukausi, kuukautta
klo	kello
km	kilometri
kpl	kappale
ks.	katso
l	litra
m	metri
m^2	neliömetri
mm	millimetri
mm.	muun muassa
ns.	niin sanottu
os.	osoite
puh./p.	puhelinnumero
rkl	ruokalusikallinen
tl	teelusikallinen
tlk	tölkki
tms.	tai muuta sellaista
v, v.	vuosi, vuonna
vrt.	vertaa
ym.	ynnä muuta

Viikonpäivät
ma, ti, ke, to, pe, la, su

Vuokralle tarjotaan
MYYRMÄKI 2h+k+kph, 59 m^2, 500/kk, 3kk:n takuuv., p. 123 456.
MEILAHTI 1h+kk+s, 23 m^2, vp. 400/kk, heti vap., puh. 987 654.

h	= huone, huonetta
k	= keittiö
kk	= keittokomero
kph	= kylpyhuone
s	= suihku
takuuv.	= takuuvuokra
vap.	= vapaa
vp.	= vuokrapyyntö

Vuokrata halutaan
Haemme tasokasta 3h+k+s, vuokra-as. Hki/Espoo, hyvät kulkuyht., luotettava työssäk., siisti, lapseton pariskunta. Puh. 111 000.

Hki	= Helsinki
vuokra-as.	= vuokra-asunto
kulkuyht.	= kulkuyhteydet
työssäk.	= työssäkäyvä (on työssä)

Kysymyssanat

Mikä siinä on? = Mikä vika siinä on?
Oletteko varannut ajan? / Onko teillä aika?
Voitteko odottaa? / Odotatteko?
Miltä tämä näyttää?
Mitä olen velkaa? = Mitä maksaa?
Mitä tämä tekee? = Mitä tämä maksaa yhteensä?
Mitä pidät? = Mitä mieltä olet?
Milloin se on valmis?
Milloin voin hakea sen?

Huomautuksia

1) Keskustelupartikkeli

Puheessa esiintyy paljon ns. keskustelupartikkeleita. Partikkelia *niin no* käytetään mm., kun halutaan ilmaista kohteliaasti, että ei olla aivan samaa mieltä toisen kanssa. Lauseessa *niin no, kai sitä kuuntelee* partikkelia on käytetty juuri näin ilmaisemassa erimielisyyttä.

2) *erityisemmin*

Sana on adverbin *erityisesti* komparatiivi, mutta sitä käytetään lieventämään negatiivista kannanottoa.

3) *malla/mällä*

III infinitiivin adessiivia, ***malla/mällä***-muotoa, käytetään, kun halutaan kertoa millä tavalla tai keinolla jotakin tehdään. Pääte ***malla/mällä*** liitetään verbin he-persoonan vartaloon.

Infinitiivi	He-persoona	vartalo	III infinitiivi
kirjoittaa	kirjoittavat	kirjoitta-	kirjoitta**malla**
kieltää	kieltävät	kieltä-	kieltä**mällä**
tuoda	tuovat	tuo-	tuo**malla**
tehdä	tekevät	teke-	teke**mällä**
kuunnella	kuuntelevat	kuuntele-	kuuntele**malla**
käsitellä	käsittelevät	käsittele-	käsittele**mällä**
julkaista	julkaisevat	julkaise-	julkaise**malla**
pestä	pesevät	pese-	pese**mällä**
tavata	tapaavat	tapaa-	tapaa**malla**
värjätä	värjäävät	värjää-	värjää**mällä**
hallita	hallitsevat	hallitse-	hallitse**malla**

*Kielen voi oppia vain luke***malla*** ahkerasti, teke***mällä*** harjoitukset, kirjoitta***malla*** ja kuuntele***malla****.*

4) *alla*

Mihin?   Alle.
Missä?   Alla.
Mistä?   Alta.

5) Kysymme hintaa.

Tuotteen tai palvelun hintaa voi kysyä monella tavalla: *Mitä tämä maksaa? – Mitä olen velkaa? – Mitä tämä tekee?* Kahta viimeistä käytetään varsinkin, kun maksetaan useista palveluista tai tuotteista koostuvaa yhteissummaa.

6) Puhekielen imperfekti

Puhekielessä käytetään joskus imperfektiä, vaikka viitataan nykyhetkeen tai tulevaisuuteen. Imperfekti ilmaisee tällöin kohteliaisuutta.

*Minulle **tuli** leikkaus.*

*Mikä teidän nimenne **oli**?*

7) Adjektiivin ja adverbin määrite

Kun adjektiivia tai adverbia määrittää jokin toinen sana, se on genetiivissä.

*Tukasta tuli hauska**n** näköinen.*

Nainen oli harvinaisen kaunis.
Aika kuluu luvattoman nopeasti.
Hän ajaa aina hirveän lujaa.

8) Täpärä tilanne

Kun halutaan ilmaista, että jotakin melkein tapahtui, lähes tapahtui, käytetään *olla*-verbin imperfektiä + infinitiiviä.

Olin unohtaa. = Melkein unohdin.

Olin kaatua. = Melkein kaaduin.

9) *että*

Sanaa *että* voidaan puheessa käyttää tehostamaan tunneilmausta: *että tämä on hankalaa* (tämä on todella hankalaa).

Lauseoppia

Passiivilauseen ja yleistävän eli geneerisen lauseen ero

Suomen passiivilla on aina tekijä. Toiminnan taustalla on joku impersoonali, joka todella suorittaa toiminnan; tekijää ei vain mainita. Yleistävän (geneerisen) lauseen toiminta on mahdollista, mutta toimintaa ei välttämättä suorita kukaan. Suomen kielen yleistävä (geneerinen) persoona on verbin hän-persoona ilman pronominia.

Passiivilause

Meillä kuunnellaan paljon viulumusiikkia.
Täällä pidetään viulumusiikista.

Yleistävä lause

Kyllä kai viulumusiikkia kuuntelee, jos pitää viulumusiikista.

Mikä sija?

nauttia + sta/stä	Nautin pianomusiikista.
G + päälle, päällä, päältä	Panin kirjan paperin päälle.
	Lehti on television päällä.
G + alle, alla, alta	Koira meni sängyn alle.
	Otin pallon sängyn alta.

puolella + P

puoli-sanan pääsana on genetiivissä tai partitiivissa riippuen siitä, kummalla puolella sanaa se on. Jos *puoli* on pääsanan jäljessä, pääsana on genetiivissä: *Piha on talon toisella puolella.* Jos *puoli* on pääsanan edellä, pääsana on partitiivissa: *Piha on toisella puolella taloa.* Vrt. *vasemmalla puolella, oikealla puolella,* kpl 6.

Kappale 12

- Milloin Amerikka löydettiin?
- Luulen, että Kolumbus löysi Amerikan vuonna 1492.

- Milloin puhelin keksittiin?
- Se keksittiin vuonna 1876.

- Milloin tehtiin ensimmäinen sydämensiirto?
- Ensimmäinen sydän siirrettiin 1967. Leikkauksen teki Christiaan Barnard.

- Milloin ensimmäisen kerran lennettiin kuuhun?
- Ensimmäiset ihmiset, Neil Armstrong ja Edwin Aldrin, lensivät kuuhun 1969.

Passiivin imperfekti

Positiivinen
ttiin, tiin

Verbityyppi 1

Minä-persoonan vartalo + **ttiin**

Infinitiivi	Minä-persoona	Vartalo	Passiivin imperfekti
sanoa	sanon	sano-	sano**ttiin**
puhua	puhun	puhu-	puhu**ttiin**
kysyä	kysyn	kysy-	kysy**ttiin**
lukea	luen	lue-	lue**ttiin**
sopia	sovin	sovi-	sovi**ttiin**
lähteä	lähden	lähde-	lähde**ttiin**

Huom! Kuten preesensissä, myös imperfektissä vartalon *a* ja *ä* muuttuu *e*:ksi: *a/ä* → *e*.

tietää	tiedän	tied**ä**-	tied**ettiin**
ostaa	ostan	ost**a**-	ost**ettiin**
jakaa	jaan	jaa-	ja**ettiin**
kirjoittaa	kirjoitan	kirjoit**a**-	kirjoit**ettiin**

Verbityypit 2, 3, 4 ja 5
Infinitiivin vartalo + **ttiin/tiin**
Verbityypit 2 ja 3   tiin

Infinitiivi	Vartalo	Passiivin imperfekti
saada	saa-	saa**tiin**
syödä	syö-	syö**tiin**
juoda	juo-	juo**tiin**
viedä	vie-	vie**tiin**
käydä	käy-	käy**tiin**
nähdä	näh-	näh**tiin**
tehdä	teh-	teh**tiin**
tulla	tul-	tul**tiin**
ajatella	ajatel-	ajatel**tiin**
hymyillä	hymyil-	hymyil**tiin**
pestä	pes-	pes**tiin**

Huom! Samoin taipuvat verbit *panna, mennä, purra* ja *surra*: *pantiin, mentiin, purtiin, surtiin*.

Verbityypit 4 ja 5   ttiin

Infinitiivi	Vartalo	Passiivin imperfekti
tavata	tava-	tava**ttiin**
osata	osa-	osa**ttiin**
herätä	herä-	herä**ttiin**
avata	ava-	ava**ttiin**
tarvita	tarvi-	tarvi**ttiin**
valita	vali-	vali**ttiin**
häiritä	häiri-	häiri**ttiin**

SUOMENLINNA

– Milloin Suomenlinnaa alettiin rakentaa?
– Päätös tehtiin vuonna 1747, mutta varsinaiset rakennustyöt aloitettiin vasta seuraavana vuonna.
– Mistä linnoitukseen saatiin työvoima?
– Rakennustyössä käytettiin armeijaa, mutta myös siviilit ja vangit olivat rakentamassa linnoitusta.
– Milloin linnoitus valmistui?
– No, se ei oikeastaan koskaan valmistunut kokonaan, mutta vuonna 1750, kun Kustaanmiekka valmistui, järjestettiin juhlalliset kastajaiset[1].
– Nythän linnoitus on museo.
– Niin on. Armeija siirrettiin linnoituksesta pois vuonna 1972. Linnoitusta kunnostetaan koko ajan. Nykyään se on museo-, virkistys-, asuin- ja kulttuurialue.

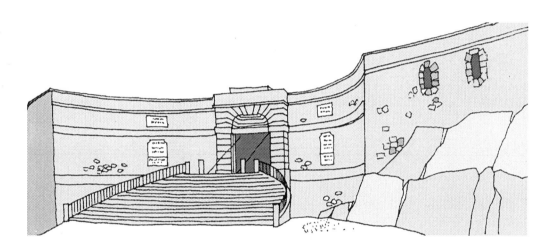

Astevaihtelu

Kun **k** on **u**:n tai **y**:n välissä, sen heikko aste on **v**.

Vahva aste	Heikko aste
uku	**uvu**
yky	**yvy**
1800-luku	1800-luvulla
kyky	kyvyt

Helsingin historiaa

- Helsinki perustettiin vuonna 1550 Vantaanjoen suulle. Helsingin perusti Ruotsin kuningas Kustaa Vaasa.
- Vuonna 1640 kaupunki siirrettiin Vironniemelle, nykyiseen Kruununhakaan.
- 1808–1809 käytiin[2] Suomen sota. Ruotsi hävisi[3] sodan ja menetti Suomen. Suomi liitettiin Venäjään, ja vuonna 1809 pidettiin myös Porvoon valtiopäivät. Suomelle annettiin autonomia.
- Vuonna 1812 Helsingistä tehtiin pääkaupunki.
- Vuonna 1827 entinen pääkaupunki Turku paloi. Turun palon jälkeen yliopisto siirrettiin Helsinkiin.
- Helsingin keskustaa alettiin suunnitella ja rakentaa 1800-luvulla. Silloin luotiin Helsingin empirekeskusta.
- 1800-luvun lopulla Suomessa elettiin taloudellisen ja valtiollisen kehityksen aikaa. Helsingistä kehittyi maan suurin[4] ja tärkein[4] kaupunki.
- Suomesta tuli itsenäinen vuonna 1917.
- Helsinkiin keskitettiin eduskunta, ministeriöt ja suurlähetystöt.
- Suomi joutui sotaan vuonna 1939. Helsinkiä pommitettiin, mutta rakennukset korjattiin tai rakennettiin uudelleen.
- Vuonna 1952 Helsingissä pidettiin olympialaiset.

Keskustelua

VIIKONLOPPU

- Mitä te teitte viime viikonloppuna?
- Me oltiin maalla. Talven jälkeen kesämökki oli kylmä ja kostea. Me lämmitettiin mökkiä ja siivottiin pihaa.
- Siis tyypillinen suomalainen kevätviikonloppu.
- Nii-in. Mutta se oli ihan mukavaa. Kun me saatiin mökki kuntoon[5], me käytiin saunassa ja grillattiin makkaraa. Meistä alkoi jo ihan tuntua kesältä, vaikka vielä onkin niin kylmä. Mitäs te teitte?

- No, me oltiin tietysti telakalla. Tiedäthän, missä kunnossa[5] vene on aina keväällä. Me kunnostettiin venettä: korjattiin, pestiin ja maalattiin.
- Niin. Kiva kun tulee taas kesä. Tulette sitten taas kesällä veneellä käymään meidän mökillä. Vietetään pari hauskaa saunailtaa. Ja ehkä me keksitään jotain kivaa juhannuksena.
- Joo, täytyy miettiä. Nähdään.
- Nähdään ja soitellaan!

Huomautuksia

1) Nimen anto

Kun laiva, toimintakeskus, rakennus tms. otetaan käyttöön, sille usein annetaan nimi, ja sen kunniaksi järjestetään juhla. Juhlan nimi on *kastajaiset*. Sana on monikollinen, kuten monet muutkin suomalaiset juhlanimitykset (*kutsut, syntymäpäivät, häät, hautajaiset, ristiäiset*).

2) Verbin *käydä* käyttöä

käydä + objekti   Vuonna 1808–1809 käytiin Suomen **sota**.

Tästä käydään vielä **keskustelua**.

Vrt. kpl 9

3) Verbityyppi 4

Jotkut verbit, jotka infinitiivissä näyttävät verbityypin 5 verbeiltä, kuuluvatkin poikkeuksellisesti verbityyppiin 4. Tällaisia ovat verbit *hävitä, selvitä, keritä (kerkiän)* ja *levitä*.

Preesens	Imperfekti
häviän	hävisin
häviät	hävisit
häviää	hävisi
häviämme	hävisimme
häviätte	hävisitte
häviävät	hävisivät

4) Lisää superlatiiveja

Superlatiivi adjektiivista *suuri* on *suurin* ja adjektiivista *tärkeä tärkein*.

5) Sanalla *kunto* on monta merkitystä.

Kunnolla voidaan tarkoittaa ihmisen fyysistä tai psyykkistä tilaa. Sen lisäksi sitä käytetään, kun puhutaan jonkun esineen, koneen, rakennuksen, vaatteen jne. tilasta: *Rakennus oli huonossa kunnossa. Nämä kengät ovat vielä hyvässä kunnossa. Huone oli kamalassa kunnossa.* Verbejä *saada* ja *laittaa* käytetään *kunto*-sanan illatiivin kanssa yhdessä merkityksessä 'kunnostaa': *laittaa kuntoon, saada kuntoon* = kunnostaa.

Kappale 13

— Olisi hauska tietää, miten suomea opetettiin 1700-luvulla.
— Suomea ei opetettu 1700-luvulla. Kouluissa opetettiin vain ruotsia ja latinaa.

— Syötiinkö Suomessa aikaisemmin paljon lihaa?
— Ei, ei syöty.

— Soitettiinko minulle pankista?
— Ei, ei soitettu.

— Perustettiinko Helsinki 1400-luvulla?
— Ei, ei perustettu.

Negatiivinen passiivin imperfekti
ttu/tty, tu/ty

ei + vartalo + **ttu/tty**, **tu/ty**

Verbityyppi 1
Minä-persoonan vartalo + **ttu/tty**

Infinitiivi	Minä-persoona	Vartalo	Negatiivin passiivi
puhua	puhun	puhu-	ei puhu**ttu**
kysyä	kysyn	kysy-	ei kysy**tty**
lukea	luen	lue-	ei lue**ttu**
sopia	sovin	sovi-	ei sovi**ttu**
lähteä	lähden	lähde-	ei lähde**tty**

Huom! Vartalon *a/ä* → *e*

tietää	tiedän	tied<u>ä</u>-	ei tied<u>e</u>**tty**
ostaa	ostan	ost<u>a</u>-	ei ost<u>e</u>**ttu**
jakaa	jaan	ja<u>a</u>-	ei ja<u>e</u>**ttu**
kirjoittaa	kirjoitan	kirjoit<u>a</u>-	ei kirjoit<u>e</u>**ttu**

Verbityypit 2, 3, 4 ja 5
Infinitiivin vartalo + **ttu/tty, tu/ty**

Verbityypit 2 ja 3   tu/ty

Infinitiivi	Vartalo	Negatiivinen passiivi
saada	saa-	ei saa**tu**
syödä	syö-	ei syö**ty**
juoda	juo-	ei juo**tu**
viedä	vie-	ei vie**ty**
käydä	käy-	ei käy**ty**
nähdä	näh-	ei näh**ty**
tehdä	teh-	ei teh**ty**
tulla	tul-	ei tul**tu**
ajatella	ajatel-	ei ajatel**tu**
hymyillä	hymyil-	ei hymyil**ty**
pestä	pes-	ei pes**ty**

Huom! Samoin verbit *panna, mennä, purra* ja *surra*: *ei pan**tu**, ei men**ty**, ei pur**tu**, ei sur**tu***.

Verbityypit 4 ja 5   ttu/tty

Infinitiivi	Vartalo	Negatiivinen passiivi
tavata	tava-	ei tava**ttu**
osata	osa-	ei osa**ttu**
herätä	herä-	ei herä**tty**
avata	ava-	ei ava**ttu**
tarvita	tarvi-	ei tarvi**ttu**
valita	vali-	ei vali**ttu**
häiritä	häiri-	ei häiri**tty**

KURSSI

- Mitä kirjaa kurssilla käytettiin?
- Kurssilla ei käytetty mitään kirjaa. Siellä luettiin materiaalia, jonka opettaja oli tehnyt.
- Asuitteko hotellissa?
- Ei asuttu. Meille järjestettiin huone asuntolasta.
- Järjestettiinkö teille siellä myös ruokailu?
- Järjestettiin kyllä, mutta me ei syöty siellä. Me ei haluttu syödä asuntolassa, joten me tehtiin itse ruokaa.
- Oliko se kallis kurssi?
- Kyllä kai, mutta me ei maksettu sitä itse. Työnantaja maksoi.

Ennen oli toisin.

1800-luvulla monessa Helsingin koulussa ei vielä opetettu suomeksi. Opetuskieli oli ruotsi. Nykyään ruotsiksi opetetaan vain harvassa koulussa. 1800-luvun Helsingissä elettiin muutenkin hyvin eri tavalla kuin tämän päivän Helsingissä. Kaupasta ei voitu ostaa niin paljon tavaraa kuin nyt. Jos esimerkiksi tarvittiin uusi puku, niin sitä ei ostettu kaupasta, vaan se tehtiin itse. Puhelinta ei käytetty juuri lainkaan. Sen sijaan kirjoitettiin tavallisesti kirje.

    Minunkin lapsuudessani kaikki oli toisin. Aamulla ei syöty muroja vaan puuroa. Illallisella ei juotu viiniä. Viiniä juotiin ylipäänsä hyvin harvoin. Maitoa ei ostettu tölkissä, vaan sitä mitattiin kannuun. Televisiota ei katseltu, koska televisiota ei vielä ollut. Sen sijaan kuunneltiin radiota tai luettiin. Talvella käytiin koulua ja tehtiin työtä. Kesällä ei käyty koulua. Silloin oltiin maalla. Minun lapsuudessani ei matkusteltu niin paljon kuin nyt.

Keskustelua

KADULLA

- Anteeksi, tiedättekö, missä täällä vaihdetaan valuuttaa?
- Jos menette seuraavaan kadunkulmaan ja käännytte oikealle, näette siellä kaksi valuutanvaihtopistettä.

VIIKONLOPPUMATKA

- Haluaisin tehdä viikonloppumatkan Ruotsiin, meno ensi perjantaina ja paluu sunnuntaina. Ja haluaisin yhden hengen hytin.
- Valitettavasti ensi viikonloppuna ei ole yhtään vapaata yhden hengen hyttiä. Kahden hengen hytissä olisi tilaa vai otatteko kansipaikan?
- No ei. Minä otan sitten vuoteen kahden hengen hytistä.

VIISUMI

- Osaatteko sanoa, miten saan viisumin Venäjälle?
- Teillä täytyy olla passi. Täytätte viisumianomuksen ja viette sen ja passin Venäjän suurlähetystöön.
- Mistä saan viisumianomuslomakkeen?
- Saatte sen meiltä matkatoimistosta tai Venäjän suurlähetystöstä.
- Voitteko hoitaa asian puolestani[1]?
- Voimme kyllä, kunhan täytätte lomakkeen ja tuotte kaksi valokuvaa.

NÄYTÄT VÄSYNEELTÄ.

- Hei Maija. Sinä näytät väsyneeltä.
- Olen valvonut. Kärsin unettomuudesta.
- Mistä se johtuu?
- En tiedä. Minulla on kai liian paljon työtä. Kun Pirjo lähti pois, hänen paikalleen ei otettu uutta työntekijää, joten minä teen nyt hänenkin työnsä.
- No voi voi. Milloin sinulla on loma?
- Se on onneksi pian, alkaa ensi viikolla.
- Sinun täytyy yrittää nyt sitten levätä.
- Niin teenkin[2].

Passiivin perfekti ja pluskvamperfekti

Perfekti ja pluskvamperfekti tehdään **ttu/tty, tu/ty** -muodosta niin, että perfektissä sen eteen tulee **olla**-verbin hän-persoona preesensissä ja pluskvamperfektissä **olla**-verbin hän-persoona imperfektissä.

- Onko kaikki tavarat nyt varmasti pakattu?
- On on. Mitään ei ole unohdettu.
- Hyvä, sitten vain autoon ja matkaan.

Perfekti

olla-verbin hän-persoonan preesens + pääverbin ***ttu/tty, tu/ty***-muoto

Positiivinen	Negatiivinen
on sano**ttu**	ei ole sano**ttu**
on sovi**ttu**	ei ole sovi**ttu**
on jae**ttu**	ei ole jae**ttu**
on kirjoite**ttu**	ei ole kirjoite**ttu**
on vie**ty**	ei ole vie**ty**
on teh**ty**	ei ole teh**ty**
on esitel**ty**	ei ole esitel**ty**
on ava**ttu**	ei ole ava**ttu**
on vali**ttu**	ei ole vali**ttu**

– Roskat täytyy viedä ulos.
– Ne on jo viety.

– Hei Maija, tässä on Kaisa.
– Meidät on jo esitelty.

– Eikö tätä kopiokonetta vieläkään ole korjattu?
– Ei koska siihen tarvitaan joku[3] varaosa. Se on kyllä tilattu jo.

TAPAAMINEN

– Tietääkö Maija huomisesta tapaamisesta?
– Hänelle on kerrottu kyllä asiasta, mutta Ismolle ei ole kerrottu.
– Täytyy soittaa Ismolle. Vai onko häntä yritetty tavoittaa?
– En tiedä, mutta luulen, että ei ole.
– No hyvä, minä yritän soittaa hänelle.

– Olitko konsertissa?
– Menin sinne, mutta se oli peruutettu. Pianisti oli sairastunut.

Pluskvamperfekti

olla-verbin hän-persoonan imperfekti + pääverbin **ttu/tty, tu/ty**-muoto	
Positiivinen	**Negatiivinen**
oli sano**ttu**	ei ollut sano**ttu**
oli sovi**ttu**	ei ollut sovi**ttu**
oli jae**ttu**	ei ollut jae**ttu**
oli vie**ty**	ei ollut vie**ty**
oli esitel**ty**	ei ollut esitel**ty**
oli ava**ttu**	ei ollut ava**ttu**
oli vali**ttu**	ei ollut vali**ttu**

UUSI ASUNTO

— Te olette kuulemma muuttaneet.
— Joo viime kuussa.
— Mikäs teidät sai muuttamaan?
— No, sitähän oli suunniteltu jo pitkään, ja sitten kun Jani syntyi, niin se vanha asunto alkoi tuntua niin ahtaalta.
— Millainen se uusi asunto on?
— Nyt se on ihan OK, mutta kun me ostettiin se, niin se oli aika huonossa kunnossa. Siinä ei ollut tehty remonttia ainakaan kymmeneen vuoteen. Mutta me saatiin se sitten aika halvalla[4]. Remontoitiin se itse, niin ei sekään tullut maksamaan paljon.
— Teillä oli kuitenkin jotain pääomaa?
— Joo, olihan me säästetty etukäteen vähän. Ja pankilta saatiin sitten loput lainaa.
— No, onkos tupaantuliaiset jo pidetty.
— Ei vielä. Ei ole vielä saatu kaikkea ihan kuntoon. Mutta kyllä ne pian pidetään.

Suomen kieli

Kun tämä kirja on luettu kokonaan, on opittu suomen kielen alkeet. Kirjaan on yritetty ottaa sellaista asiaa, mikä on tärkeää kielen opiskelijalle, jonka täytyy selviytyä jokapäiväisessä elämässä. On selvä, että kirjaan ei ole voitu ottaa kaikkea, mikä pitäisi tietää, mutta tämä onkin vasta alku. Kun alku on opittu, on helppo jatkaa eteenpäin.

Suomen kieltä on tutkittu vasta noin 200 vuotta. Siksi on selvä, että on paljon sellaista, mitä ei ole vielä ehditty tutkia. Yleiskielen kehitys alkoi oikeastaan vasta siitä, kun suomen kielestä oli tehty maan virallinen kieli 1863. Siihen asti ei suomen kieltä ollut voitu käyttää virallisessa yhteydessä. Suomen kielestä puuttui tieteen ja taiteen terminologia. Täytyi keksiä uutta sanastoa, jotta suomesta voitiin tehdä sivistyskieli. Kuuluisa suomalainen kansanrunouden kerääjä ja Kalevala-eepoksen luoja Elias Lönnrot loi suomen kieleen monta uutta sanaa 1800-luvulla. Monet Lönnrotin sanat ovat käytössä vielä tänäkin päivänä (*sivistys, itsenäinen*).

Ennen kuin suomen kieli otettiin todella aktiiviseen käyttöön virallisesti, kului monta kymmentä vuotta. Itse asiassa suomen yleiskieltä on puhuttu ja kirjoitettu virallisesti vajaa 200 vuotta. Ensimmäinen suomenkielinen romaanikin, Aleksis Kiven Seitsemän veljestä, julkaistiin vasta vuonna 1870. Seitsemästä veljeksestä on otettu jo monta uutta painosta ja se on käännetty monelle kielelle.

Huomautuksia

1) *puole* + *sta* + possessiivisuffiksi

Sanan *puoli* elatiivi possessiivisuffiksin kanssa tarkoittaa, että joku tekee jonkun toisen sijasta jotakin: *Voitko soittaa Kaisalle **puolestani**?* (niin minun ei tarvitse) Voin käydä ***puolestasi*** *kaupassa.* (niin sinun ei tarvitse) – **Huom!** *Maijan puolesta* ilman possessiivisuffiksia.

2) Vahvistava *kin*

Liitteen **kin** yksi käyttömuoto on vahvistaa edellisen puhujan ehdotusta tai väitettä. Esim.

– *Sinun täytyy levätä.*
– *Niin teen**kin***

❊ ❊ ❊

– *Teidänhän piti laittaa mökki kuntoon.*
– *Niinhän me laitoimme**kin***. Vrt. kpl 1 ja 6

3) Puhekielen indefiniittipronomini

Puhekielessä käytetään yleensä pronominia *joku* pronominin *jokin* asemesta.

4) *halvalla*

halvalla = halvalla hinnalla

Sanatyypit

	nut/nyt	
N	onnistu**nut**	väsy**nyt**
P	onnistunutta	väsynyttä
Vartalo	**onnistunee-**	**väsynee-**
Akk.	onnistuneen	väsyneen
G	onnistuneen	väsyneen
Ill.	onnistuneeseen	väsyneeseen
In.	onnistuneessa	väsyneessä
El.	onnistuneesta	väsyneestä
All.	onnistuneelle	väsyneelle
Ad.	onnistuneella	väsyneellä
Abl.	onnistuneelta	väsyneeltä

Muita: koke**nut**, kulu**nut**, masentu**nut**, tottu**nut**, hermostu**nut**, sivisty**nyt**, hämmästy**nyt**

	es
N	velj**es**
P	veljestä
Vartalo	velj**ekse**-
Akk.	veljeksen
G	veljeksen
Ill.	veljekseen
In.	veljeksessä
El.	veljeksestä
All.	veljekselle
Ad.	veljeksellä
Abl.	veljekseltä

Muita: vihann**es**, juur**es**, ein**es**

Sananmuodostusta

uus/yys-substantiivit

Adjektiivista voidaan johtimella *uus/yys* tehdä substantiivi, joka ilmaisee ominaisuutta. Johdin liitetään sanan vartaloon, josta viimeinen vokaali on kadonnut.

uneton	→	unettoma-	→	unettom**uus**
väritön	→	värittömä-	→	värittöm**yys**
viallinen	→	vialllise-	→	viallis**uus**
vanha	→	vanha-	→	vanh**uus**
nuori	→	nuore-	→	nuor**uus**
kylmä	→	kylmä-	→	kylm**yys**

Mikä sija?

saada + maan/mään Lopulta kaikki saatiin järjesty**mään**.
kärsiä + sta/stä Kärsin unettomuude**sta**.
 Kärsin melu**sta**.

Kappale 14

- Luonto-ohjelmat kertovat villieläimistä.
- Nykyään monissa pienissäkin asunnoissa on sauna.
- Isoäidin ikkunalla on monenlaisia kukkia.
- Tietoliikenneverkossa voi tutustua uusiin ihmisiin ja paikkoihin.

Monikko
i/j

Vartalo	Monikko		Sijapääte	Kysymys ym.
talo	t		–	–
talo-	i		sta	ko
huonee-	i		ssa	kin
tytö-	i		llä	kö
o + i →	oi	talo-	taloihin	
			taloissa	taloja
			taloista	talojen
ö + i →	öi	hölmö-	hölmöihin	
			hölmöissä	hölmöjä
			hölmöistä	hölmöjen
u + i →	ui	laulu-	lauluihin	
			lauluissa	lauluja
			lauluista	laulujen
y + i →	yi	hylly-	hyllyille	
			hyllyillä	hyllyjä
			hyllyiltä	hyllyjen
a + i →	i	asema-	asemille	
			asemilla	asemia
			asemilta	asemien

ä + i	→	i	kynä-	kynille			
				kynillä	kyniä		
				kyniltä	kynien		
e + i	→	i	kiele-	kieliin			
				kielissä	kieliä		
				kielistä	kielien		
i + i	→	ei	lasi-	laseihin			
				laseissa	laseja		
				laseista	lasien		
VV + i	→	Vi	maa-	maihin		huonee-	huoneisiin
				maissa	maita		huoneissa huoneita
				maista	maiden		huoneista huoneiden
			rakkaa-	rakkaille			
				rakkailla	rakkaita		
				rakkailta	rakkaiden		

Huom!
Kun kaksitavuisen sanan ensimmäisessä tavussa on *a*, *e* tai *i* ja toisessa tavussa *a*, niin toisen tavun *a* muuttuu *o*:ksi monikon *i*:n edellä.

a__a + i → a__oi
kauppa kauppoihin
   kaupoissa kauppoja
   kaupoista kauppojen

e__a + i → e__oi
teema teemoihin
   teemoissa teemoja
   teemoista teemojen

i__a + i → i__oi
kissa kissoille
   kissoilla kissoja
   kissoilta kissojen

Muita: sana, tapa, ranta, valta, hana, silta, kirja

Samoin taipuvat sanat *asia* ja *astia*, mutta niiden partitiivi ja genetiivi ovat erilaiset: *asioita, asioiden; astioita, astioiden*.

Huom!
Kolmi- ja useampitavuisten sanojen *a* muuttuu *o*:ksi ja *ä* *ö*:ksi, jos sanan lopussa on jokin seuraavista äänneyhtymistä.

na/nä	→	noi/nöi	omen**oi**ta	pärrys**öi**tä
la/lä	→	loi/löi	ravintol**oi**ssa	kylpyl**öi**ssä
ija/ijä	→	ijoi/ijöi	tarjoilij**oi**ta	kävij**öi**tä
kka/kkä	→	koi/köi	mansik**oi**sta	kännyk**öi**llä
ra	→	roi	tavar**oi**ta	

Huom!
Seuraavien sanojen monikossa katoaa sanan ensimmäinen vokaali.

tuo	nuo		
	no**i**hin	noille	
	no**i**ssa	noilla	noita
	no**i**sta	noilta	noiden

Samoin taipuu *suo*.

työ	työt		
	tö**i**hin	töille	
	tö**i**ssä	töillä	töitä
	tö**i**stä	töiltä	töiden

Samoin taipuvat *yö* ja *vyö*.

tie	tiet		
	te**i**hin	teille	
	te**i**ssä	teillä	teitä
	te**i**stä	teiltä	teiden

Huom!
si-sanojen monikkovartalo on sama kuin yksikön nominatiivimuoto.

N	uusi	uudet
P	uutta	uusia
Vartalo	**uude-**	**uusi-**
Akk.	uuden	
G	uuden	uusien
Ill.	uuteen	uusiin
In.	uudessa	uusissa
El.	uudesta	uusista
All.	uudelle	uusille
Ad.	uudella	uusilla
Abl.	uudelta	uusilta

Monikon genetiivi

Monikossa genetiivillä on useita eri päätteitä. Jos sanassa on astevaihtelukonsonantti, on monikon genetiivi vahva.

1) **en**
2) **den = tten**
3) **ien = ten**

1) Vartalo + i + en

Kun monikkovartalon lopussa on vain monikon *i*.

kukk**i**en

vastauks**i**en

pien**i**en

kunt**i**en

nais**i**en

Posti-tyyppisten sanojen monikon genetiivi tehdään liittämällä yksikön nominatiiviin pääte *en*: *postien, pankkien, sihteerien, insinöörien*.

2) Vartalo + i + den tai tten

Kun monikkovartalon lopussa on kaksi vokaalia (**Vi+den / Vi+tten**).

ma**i**den	/	ma**i**tten
tö**i**den	/	tö**i**tten
no**i**den	/	no**i**tten
huone**i**den	/	huone**i**tten
rakka**i**den	/	rakka**i**tten
omen**oi**den	/	omen**oi**tten

3) ten

Päätteen *en* asemasta käytetään joskus päätettä *ten*. Tällöin ei käytetä monikon päätettä *i*. Pääte *ten* on kuitenkin mahdollinen vain sellaisten sanojen kanssa, joilla yksikössä partitiivin päätteen edellä on konsonantti.

Yks. P	Monikon ten-genetiivi		Monikon en-genetiivi
pientä	pien**ten**	/	pien**ien**
naista	nais**ten**	/	nais**ien**
miestä	mies**ten**	/	mieh**ien**
lasta	las**ten**	/	laps**ien**
puhelinta	puhelin**ten**	/	puhelim**ien**
kysymystä	kysymys**ten**	/	kysymyks**ien**

Monikon partitiivi

Monikon partitiivissa on vain kaksi päätettä. Jos sanassa on astevaihtelukonsonantti, se on monikon partitiivissa vahva.

a/ä	**ta/tä**
i+a/ä	Vi+ta/tä
kukk**ia**	ma**ita**
kunt**ia**	tö**itä**
nais**ia**	huone**ita**
asem**ia**	rakka**ita**
mieh**iä**	omeno**ita**
ikäv**iä**	no**ita**
vastauks**ia**	

Huom!

$i \rightarrow j$ partitiivissa ja genetiivissä, jos sanan lopussa on *o, u, ö* tai *y*.

talo	talo**issa**	talo**ja**	talo**jen**
ranta	rann**oilla**	rant**oja**	rant**ojen**
katu	kad**uilla**	kat**uja**	kat**ujen**
tyttö	tyt**öille**	tytt**öjä**	tytt**öjen**
hylly	hyll**yiltä**	hyll**yjä**	hyll**yjen**

Sama muutos tapahtuu *posti*-tyyppisten sanojen monikon partitiivissa: *post**ej**a, pank**kej**a, sihteer**ej**ä, insinöör**ej**ä.*

Muutos *i* → *j* ei tapahdu kolmi- ja useampitavuisissa sanoissa.

                                   kansio**i**ta   kansio**i**den
                                   tavaro**i**ta   tavaro**i**den
                                   omeno**i**ta   omeno**i**den

Monikon illatiivi

Jos sanassa on astevaihtelukonsonantti, monikon illatiivissa on vahva aste.

in	**hin**	**siin**
i+in	Vi+hin	yks. seen → mon. siin
mukav**iin**	iso**ihin**	huone**isiin**
mieh**iin**	tyttö**ihin**	rakka**isiin**
pien**iin**	ravintolo**ihin**	kalli**isiin**
nais**iin**	tö**ihin**	
puhelim**iin**	no**ihin**	

MUUTTAMINEN

– Kyllä muuttaminen on kamalaa. Minä en löydä mitään. Missä kaikki astiat ovat?
– Eivätkö ne ole noissa ruskeissa laatikoissa?
– Ei. Ei täällä ole kuin kirjoja ja kansioita.
– No, mihin sinä nyt astioita tarvitset?
– Olisin keittänyt meille kahvit[1]. Haluaisin löytää kupit, että voisimme juoda oikeista kupeista, ettei tarvitsisi juoda noista muovimukeista.
– Minulle se on kyllä ihan sama. Voisit tietysti katsoa noista isoista pahvilaatikoista. Muistaakseni[2] pakkasin niihin ainakin lautasia ja laseja. Mitä minä teen sillä aikaa, kun sinä keität kahvia ja etsit astioita?
– Voisit alkaa nostaa kirjoja noille hyllyille ja tavaroita kaappeihin.

Esimerkkejä:

talo	talossa	taloissa
hölmö	hölmöllä	hölmöillä
laulu	laulussa	lauluissa
hylly	hyllyllä	hyllyillä
asema	asemalla	asemilla
kynä	kynällä	kynillä
kieli	kielessä	kielissä
vastaus	vastauksessa	vastauksissa
lasi	lasissa	laseissa
maa	maassa	maissa
pää	päässä	päissä
tienoo	tienoolla	tienoilla
miljöö	miljöössä	miljöissä
puu	puussa	puissa
revyy	revyyssä	revyissä
huone	huoneessa	huoneissa
levyke	levykkeellä	levykkeillä
suo	suolla	soilla
työ	työssä	töissä
tie	tiellä	teillä
sauna	saunassa	saunoissa
kissa	kissalla	kissoilla
kirja	kirjasta	kirjoista
teema	teemassa	teemoissa
porkkana	porkkanaa	porkkanoita
peruna	perunaa	perunoita
ravintola	ravintolassa	ravintoloissa
voimala	voimalassa	voimaloissa
kirjailija	kirjailijaa	kirjailijoita
puolukka	puolukkaa	puolukoita
makkara	makkaraa	makkaroita

FESTIVAALIT

– Lähdetkö Porin jazz-festivaaleille?
– En usko. Minä käyn joka kesä Kaustisella kansanmusiikkijuhlilla ja Ikaalisten[3] Sata-Häme soi -tapahtumassa. Siinä on musiikkia ihan tarpeeksi.
– Porista voisit saada uusia elämyksiä.
– En tiedä. En erityisemmin välitä jazzista.

Suomalaisten kesäviikonloppu

Kesällä suomalaiset viettävät viikonloppua tavallisesti mökillä. Hyvin monilla suomalaisilla on kaupunkiasunnon lisäksi kesämökki jossakin maalla järven tai meren rannalla. Kesämökkien yhteydessä on sauna. Saunoissa on yleensä pesuhuone ja löylyhuone. Saunoihin kannetaan vettä järvestä, ja ne lämmitetään puilla. Kaupunkiasuntojen sähkösaunat eivät ole yhtä hyviä kuin puulämmitteiset maalaissaunat. Ennen saunaan menoa tehdään koivunoksista vastoja. Kun sauna on lämmin, istutaan löylyssä, vastotaan vastoilla ja lyödään löylyä. Löylyn jälkeen juostaan[4] uimaan järveen tai mereen. Saunan jälkeen istutaan saunojen kuisteilla tai mökeissä juomassa olutta ja syömässä makkaraa.

Suomalaiset ovat hyvin ylpeitä järvistään ja metsistään. Alkukesällä hoidetaan pihaa ja istutetaan vihanneksia. Syksyllä sienestetään ja marjastetaan. Kaikilla suomalaisilla on ns. jokamiehen oikeus käydä marjassa ja sienessä missä metsässä tahansa, kunhan ei mene kenenkään piha-alueelle.

Monilla ihmisillä, joilla ei ole kesämökkiä, on vene. He veneilevät saaristossa.

Tietoja Suomesta

Nykyään Suomessa on noin 5 280 000 asukasta. Helsingin väkiluku on noin 560 000 henkeä. Suomi ei ole pieni maa. Suomen pinta-ala on 337 000 km^2 (neliökilometriä). Suomi ei ole lähellä[5] pohjoisnapaa. Helsinki ja Tukholma ovat yhtä kaukana pohjoisnavasta. Suomi ei ole hir- veän kylmä maa, eikä Suomessa ole jääkarhuja. Suomessa on paljon metsiä, soita ja järviä ja luonnossa liikkuu karhuja, hirviä ja susia.

Suomessa on kaksi virallista kieltä: suomi ja ruotsi. Suomi on siis kaksikielinen maa. Suomenkielisten koululaisten täytyy opiskella ruotsia ja ruotsinkielisten koululaisten täytyy opiskella suomea. Kouluissa voi opiskella myös englantia, ranskaa, saksaa, venäjää, italiaa ja latinaa.

Suomalaiset ja saamelaiset eivät ole etnisesti sama kansa. Saamelaiset asuvat pohjoiskalotilla, Norjan, Ruotsin, Suomen ja Venäjän alueella. Suomessa asuu noin 1 700 saamelaista. Saamelaiset eli lappalaiset puhuvat saamea eli lappia, joka on suomen sukukieli ja siis suomalais-ugrilainen kieli.

Suomi on tasavalta. Eduskunta on Helsingissä. Eduskunnassa on 200 kansanedustajaa. Heistä enemmistö on oikeistolaisia ja vähemmistö on vasemmistolaisia. Lisäksi eduskunnassa on pieniä puolueita.

Suomi ei ole vapaan seksin maa, kuten ulkomaalaiset usein luulevat. Ulkomaalaiset luulevat, että sauna ja seksi kuuluvat yhteen, mutta se ei ole totta. Naiset ja miehet käyvät eri saunoissa. Vain perheet käyvät yhdessä saunassa.

Keskustelua

KAINULAISET

– Hei. Mistäs sinä olet tulossa?
– Tulen Porvoosta. Olin Kainulaisten mökillä.
– Ai Kainulaisilla on mökki Porvoossa.
– Joo. Se rakennettiin sinne meren rannalle viime vuonna.

PALOSET

– Tunnetko sinä Paloset?
– En taida muistaa.
– Ne Paloset, joilla on kolme lasta ja koira.
– Ai niin. Nyt muistan. Mitä heistä?
– He ovat myymässä asuntoaan, ja sinähän kuulemma etsit uutta asuntoa. Voisit käydä katsomassa heidän asuntoaan. Se on aika kiva.
– Ehkä menenkin. Onko sinulla heidän puhelinnumeronsa?
– On. Kirjoitan sen sinulle.

KAUPASSA

– Voinko auttaa?
– Kyllä, kiitos. Onko teillä numeroa 38 näistä kengistä?
– Hetkinen.

– Onko teillä vain pieniä kokoja?
– Ei, kyllä miellä on myös isoja kokoja. Mikähän koko se saisi olla?
– No, L (ällä).
– Hetkinen. Tässä ei nyt ole. Haen teille varastosta.
– Kiitos.

– Mitä sinä ajattelet suomalaisista?
– Kyllä, he ovat minusta aika hiljaisia.
– Varmasti, jos vaikka vertaa italialaisiin.
– No, vaikka vertaisi ruotsalaisiin tai venäläisiin. Ruotsalaiset ja venäläiset ovat seurallisia ja puheliaita.
– Niin mutta, suomalaisetkin ovat erilaisia. Esimerkiksi karjalaiset ovat aika puheliaita.
– Niin. Onhan se niinkin ja varmaan on myös ero kaupunkilaisten ja maalaisten välillä.

- Haluaisin ostaa konserttiliput verkosta.
- No, sehän käy kätevästi verkosta Lippupisteen sivuilta.
- Niin kai.
- Joo, joo. Rekisteröidyt asiakkaaksi ottamalla itsellesi käyttäjätunnuksen ja salasanan. Sitten menet tunnuksillasi sisään Lippupisteen sivuille. Valitset liput, maksat pankin kautta ja saat e-liput sähköpostiosoitteeseesi. Käytäthän sinä verkkopankkia, joten sinulla on tiliavaimet pankkiin?
- Joo.

Demonstratiivipronominit

	Yks.	Mon.	Yks.	Mon.	Yks.	Mon.
N	tämä	nämä	tuo	nuo	se	ne
P	tätä	näitä	tuota	noita	sitä	niitä
Vartalo	tä-	näi-	tuo-	noi-	si(i)-	nii-
Akk.	tämän		tuon		sen	
G	tämän	näiden	tuon	noiden	sen	niiden
Ill.	tähän	näihin	tuohon	noihin	siihen	niihin
In.	tässä	näissä	tuossa	noissa	siinä	niissä
El.	tästä	näistä	tuosta	noista	siitä	niistä
All.	tälle	näille	tuolle	noille	sille	niille
Ad.	tällä	näillä	tuolla	noilla	sillä	niillä
Abl.	tältä	näiltä	tuolta	noilta	siltä	niiltä

Kysymyspronomini *kuka*

N	kuka	ketkä
P	ketä	keitä
Vartalo	kene-	kei-
Akk.	kenet	
G	kenen	keiden
Ill.	keneen	keihin
In.	kenessä	keissä
El.	kenestä	keistä
All.	kenelle	keille
Ad.	kenellä	keillä
Abl.	keneltä	keiltä

Relatiivipronomini *joka*

N	joka	jotka
Vartalo	jo-	joi-
P	jota	joita
Akk.	jonka	
G	jonka	joiden
Ill.	johon	joihin
In.	jossa	joissa
El.	josta	joista
All.	jolle	joille
Ad.	jolla	joilla
Abl.	jolta	joilta

Huomautuksia

1) *Kahvit*

Vaikka ainesana tavallisesti on partitiivissa, esiintyy se puheessa myös monikon nominatiivissa, varsinkin silloin kun on objektin asemassa lauseessa.

Keitetään kahvit.

Otetaanko oluet?

2) *Muistaakseni*

Sanaa käytetään silloin, kun halutaan osoittaa, että ei olla aivan varmoja asiasta. Se tarkoittaa suunnilleen samaa kuin *jos muistan oikein*.

Muistaakseni pakkasin niihin laseja. = Jos muistan oikein, pakkasin niihin laseja.

3) *inen*-loppuiset paikannimet

Paikannimet, joiden lopussa on ***inen***, taipuvat monikossa tavallisesti *s*-sijoissa. *Kaustinen* on poikkeus; se taipu yksikössä *l*-sijoissa.

Ikaalinen:	Menen Ikaalisiin.
	Olin Ikaalisissa.
	Tulen Ikaalisista.
Kauniainen:	Lähden Kauniaisiin.
	Asun Kauniaisissa.
	Tulen Kauniaisista.

4) Verbi *juosta* taipuu poikkeuksellisesti.

juoksen	juoksemme
juokset	juoksette
hän juoksee	he juoksevat

5) Prepositio *lähellä*

Jos *lähellä* on prepositio, sen kanssa käytetään partitiivia: *lähellä pohjoisnapaa*. Se voi olla myös postpositio, jolloin sen kanssa käytetään genetiiviä: *talon lähellä*.

Lauseoppia

Objekti

A) Objekti on **partitiivissa** kun:

1) Lause on **negatiivinen**.
   En löydä **kahvikuppeja**.
   Näitä kirjoja ei saa lainata kotiin.

2) Objekti on **aine-** tai **abstraktisana** tai **epämääräinen** määrä.
   Haluaisin **kahvia**.
   Meidän täytyy ostaa **bensaa**.
   Haluamme **rauhaa**.
   Ostetaan **kukkia**.
   Tunnen **monenlaisia ihmisiä**.

Aine- ja abstraktisana on aina yksikön partitiivissa. Kun objekti on kappalesana, se on monikon partitiivissa.

3) Lause on **prosessin** kuvausta.
   Kirjoitin eilen **kirjeitä**.
   Hän luki **lehtiä**, kun minä kirjoitin **kirjettä**.

B) Tulosobjekti on **nominatiivissa**, kun:
   1) Verbi on **passiivissa**.
   Niemiset tunnetaan täällä hyvin.
   Otetaan **tämä kirja / nämä kirjat**.

2) Verbi on *täytyy* tai *pitää*.
   Minun täytyy pestä **tämä astia / nämä astiat**.
   Pitääkö sinun oppia **koko tämä teksti**?
   Minun täytyy saada **uusi kassi**.

3) Objekti on **monikossa** ja **määräinen** määrä.
   Vien **tyhjät pullot** kauppaan.
   Avaisitko **ikkunat**?

C) **Tulos**objekti on **yksikössä akkusatiivissa**, jos lause ei ole passiivinen tai *täytyy*-lause:

Syön **voileivän**.
Avaan **ikkunan**.
Tunnetko **Kaisan**?

Persoonapronominien tulosobjektin pääte on aina *t*.

Tunnetko **hänet**?	Vrt.	Tunnetko **Kaisan**?
En tunne **häntä**.		En tunne **Kaisaa**.
Sinun täytyy tuntea **hänet**.		Sinun täytyy tuntea **Kaisa**.

Predikatiivi

Predikatiivi on se lauseenjäsen, joka kertoo, mikä tai millainen subjekti on.

Subjekti		**Predikatiivi**
Lokit	ovat	lintuja.
Päivä	oli	aurinkoinen.
Suomalaiset	ovat	hiljaisia.

1) Jos subjekti on kappalesana ja monikossa, predikatiivi on monikon partitiivissa:

Karjalaiset ovat **puheliaita**.
Ovatko kaikki miehet **avuttomia** keittiössä?

2) Jos subjekti on monikollinen sana (pari tai kokonaisuus, joka ilmaistaan aina tai melkein aina monikossa) tai ruumiin osa, predikatiivi on monikon nominatiivissa:

Darjan hiukset ovat **tummat**.
Monien suomalaisten silmät ovat **siniset**.
Mäyräkoiran jalat ovat **lyhyet**.
Nämä sakset ovat **tylsät**.
Ovatko sinun kenkäsi **mustat** vai **siniset**?

Huom!

Kengät ovat **kalliita**.	(yleensä)
Kengät olivat **kalliit**.	(jokin tietty pari)
Nämä kengät ovat **italialaisia**.	(jokin joukko kenkiä)
Nämä kengät ovat **italialaiset**.	(jokin tietty pari)

3) Jos predikatiivi ilmaisee, mitä ainetta tai tyyliä subjekti on, se on yksikön partitiivissa, vaikka subjekti olisikin monikossa:

    Onko tämä pusero **silkkiä**?
    Tämä pusero on **puuvillaa**. Nuo puserot ovat **silkkiä**.
    Nuo talot ovat **empireä**.

4) Jos subjekti on ainesana tai abstrakti sana, predikatiivi on yksikön partitiivissa:
    Silkki on **lämmintä**.
    Öljy on **kallista**.
    Rakastaminen on **vaikeaa**.
    Arvosteleminen on **helppoa**.

Subjekti eksistentiaalilauseessa

Eksistentiaalilause kertoo, mitä **on, tulee olemaan** tai **lakkaa olemasta**. Eksistentiaalilauseessa on

– paikkaa ilmaiseva sana tavallisesti lauseen alussa
– verbi yksikön kolmannessa persoonassa
– subjekti tavallisesti lauseen lopussa.

1) Jos subjekti on monikossa, se on monikon partitiivissa.

    Merellä näkyi **saaria**.
    Saarille oli ilmestynyt **mökkejä**.
    Rantaan ui **sorsia**.
    Taisteluissa kuoli **siviilejä**.

2) Jos subjekti on ainesana tai abstraktisana, se on yksikön partitiivissa.

    Kupista nousi **höyryä**.
    Lattialle valui **vettä**.

3) Jos subjekti on kappalesana ja yksikössä, se on positiivisessa lauseessa yksikön nominatiivissa.

    Metsän laitaan nousi **talo**.
    Lattialle putosi **lasi**.
    Kadulla näkyi **yksi ihminen**.
    Juhlaan tuli **yksi sukulainen**.

4) Negatiivisessa eksistentiaalilauseessa subjekti on aina partitiivissa.

    Kadulla ei näkynyt **yhtään ihmistä**.
    Juhlaan ei tullut **yhtään sukulaista**.

VAROITUS!

1) Jos lauseessa on objekti, se ei ole eksistentiaalilause, eikä subjekti voi olla partitiivissa.

Turistit valokuvasivat kirkkoa.
Vesi kasteli maton.

2) Jos lauseessa on predikatiivi, se ei ole eksistentiaalilause, eikä subjekti voi olla partitiivissa.

Delfiinit ovat älykkäitä.
Delfiinit eivät ole kaloja.

Mikä sija?

välittää + sta/stä   En välitä jazzi**sta**.
G + lisäksi   kaupunkiasunno**n** lisäksi

Kappale 15

OVESSA LUKEE.

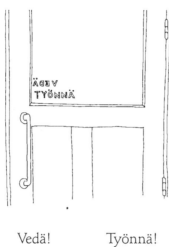

Vedä!   Työnnä!

Imperatiivi

Sinä-persoonan positiivinen imperatiivi

= minä-persoonan vartalo

Infinitiivi	Minä-persoona	Vartalo	Imperatiivi
puhua	puhun	puhu-	Puhu!
lukea	luen	lue-	Lue!
jakaa	jaan	jaa-	Jaa!
kirjoittaa	kirjoitan	kirjoita-	Kirjoita!
syödä	syön	syö-	Syö!
tehdä	teen	tee-	Tee!
tulla	tulen	tule-	Tule!
mennä	menen	mene-	Mene!
pestä	pesen	pese-	Pese!
avata	avaan	avaa-	Avaa!
valita	valitsen	valitse-	Valitse!

TEKSTINKÄSITTELYOHJELMA PUHUU.

Hae! Poista! Siirrä! Tulosta! Katso! Vaihda hakemistoa! Kopioi! Etsi! Tallenna asiakirja!

PANKKIAUTOMAATTI PUHUU.

Valitse kortin käyttötapa!
Syötä tunnusluku ja paina OK!
Odota!
Ota kortti, ole hyvä!
Ota rahat, ole hyvä!

MUITA TILANTEITA

Sammuta valot!
Sytytä valot!
Pane televisio päälle!
Laita radio pois päältä!
Puhu hiljaa!
Paina nappia!
Ota rauhallisesti!
Palauta lehdet telineeseen!
Odota!
Varo!

Astevaihtelu

Vahvan yhtymän **lke** ja **rke** heikko aste on **lje** ja **rje**.

Vahva aste	Heikko aste
lke	**lje**
rke	**rje**

Verbityyppi 1

sulkea	särkeä
suljen	särjen
suljet	särjet
sulkee	särkee
suljemme	särjemme
suljette	särjette
sulkevat	särkevät

Muita: kulkea

Nominit

N	järki	hylje	poljin
P	järkeä	hyljettä	poljinta
Vartalo	**järje-**	**hylkee-**	**polkime-**
Akk.	järjen	hylkeen	polkimen
G	järjen	hylkeen	polkimen
Ill.	järkeen	hylkeeseen	polkimeen
In.	järjessä	hylkeessä	polkimessa
El.	järjestä	hylkeestä	polkimesta
All.	järjelle	hylkeelle	polkimelle
Ad.	järjellä	hylkeellä	polkimella
Abl.	järjeltä	hylkeeltä	polkimelta

Muita: arki, jälki, olki; palje, suljin

LUE – JAA – SOITA – SYÖ – TULE – AVAA

– Lue tämä kirja! Se on tosi hyvä. Se kertoo hylkeistä.
– Lainaatko sen minulle?
– Olen luvannut sen ensin Marjalle. Saat sen sitten. Muistuta minua, että olen luvannut sen sinulle!

– Mitä näille papereille pitäisi tehdä?
– Jaa ne kaikille!

– Oletko kuullut Maijasta? En ole kuullut hänestä mitään pitkään aikaan.
– Soita hänelle!
– Olen yrittänyt soittaakin, mutta hän ei vastaa.
– Eikö hänellä ole puhelinvastaajaa?
– Ei ole.
– No lähetä sähköpostia!
– Niin. Sen voisinkin tehdä. Onko sinulla hänen sähköpostiosoitteensa?
– Tässä on. Ole hyvä.
– Kiitos.

– Minulla on nälkä.
– Syö jotakin! Ota jääkaapista, mitä haluat! Mutta tiskaa sitten astiat! Tai anna minä tiskaan. Sinä särjet aina jotakin.

– Mihin te menette?
– Uimaan. Tule mukaan!

– Täällä on huono ilma.
– Avaa ikkuna!

Älä häiritse!
Sinä-persoonan negatiivinen imperatiivi

älä + minä-persoonan vartalo

Minä-persoona	Vartalo	Negatiivinen imperatiivi
puhun	puhu-	Älä puhu!
luen	lue-	Älä lue!
jaan	jaa-	Älä jaa!
kirjoitan	kirjoita-	Älä kirjoita!
syön	syö-	Älä syö!
teen	tee-	Älä tee!
tulen	tule-	Älä tule!
menen	mene-	Älä mene!
pesen	pese-	Älä pese!
avaan	avaa-	Älä avaa!
valitsen	valitse-	Älä valitse!

ÄLÄ PUHU – ÄLÄ LAITA – ÄLÄ SYÖ – ÄLÄ TULE – ÄLÄ VÄLITÄ – ÄLÄ VIITSI

– Älä puhu niin nopeasti! Minä en ymmärrä hyvin suomea.
– Anteeksi, luulin, että olet suomalainen.

– Älä laita sitä kirjaa sinne!
– Mihin sitten?
– Laita se vaikka tuolle pöydälle!

– Älä syö niitä sieniä vielä!
– Miksi?
– Ne täytyy ryöpätä. Niitä ei ole ryöpätty. Ne ovat myrkyllisiä, jos niitä ei ryöppää.
– Anna minulle sitten jotain muuta syötävää!

– Älä tule sisälle kengät jalassa! Jätä kengät eteiseen!
– Ai, sinä olet siivonnut.

– Mitähän pahaa minä nyt olen tehnyt, kun Matti on niin huonolla tuulella[1]?
– Älä välitä![2] Älä ota sitä henkilökohtaisesti! Matilla on aina välillä nuo huonot tuulensa. Ei se johdu sinusta.

– Hirveää, miten kuuma täällä on.
– Älä viitsi[3] valittaa. Olisit onnellinen, että aurinko paistaa.

Tulkaa jo!

Te-persoonan positiivinen imperatiivi
kaa/kää

Infinitiivin vartalo + **kaa/kää**

Infinitiivi	Vartalo	Imperatiivi
puhua	puhu-	Puhu**kaa**!
lukea	luke-	Luke**kaa**!
jakaa	jaka-	Jaka**kaa**!
kirjoittaa	kirjoitta-	Kirjoitta**kaa**!
syödä	syö-	Syö**kää**!
tehdä	teh-	Teh**kää**!
tulla	tul-	Tul**kaa**!
mennä	men-	Men**kää**!
pestä	pes-	Pes**kää**!

Huom! Verbityypeissä 4 ja 5 infinitiivin vartalo + **t** + **kaa/kää**

| avata | ava- | Ava<u>t</u>**kaa**! |
| valita | vali- | Vali<u>t</u>**kaa**! |

LENTOKONEESSA

Istukaa paikoillenne!
Kiinnittäkää istuinvyönne!

PESUKONEESSA LUKEE.

Kytkekää virta koneeseen!
Laittakaa pyykit koneeseen!
Valitkaa pesuohjelma!
Laittakaa raha aukkoon!
Käynnistäkää kone painamalla käynnistysnappia!

AUTOMAATTI PUHUU.

Tavoittelemanne[4] henkilö puhuu toista puhelua. Odottakaa sulkematta[5] puhelinta!

TULLISSA

— Avatkaa matkalaukut, olkaa hyvä!
— Minulla ei ole mitään tullattavaa[6].
— Olkaa hyvä ja avatkaa kuitenkin matkalaukkunne.

OLKAA HÄIRITSEMÄTTÄ[5]

— Lapset, yrittäkää nyt olla häiritsemättä[5]. Menkää vaikka ulos tai olkaa meluamatta[5].

HÄTÄTILANNE

Jääkää sisälle[7]! Sulkekaa ovet ja ikkunat! Avatkaa radio! Kuunnelkaa tiedotuksia!

Varokaa! Hengenvaara!

NYYTTIKESTIT

— Kainulaisella.
— Hei tässä puhuu Katri. Meillä on pienet nyyttikestit[8] ensi lauantaina. Tulisitteko tekin?
— Kyllä kiitos, mielellämme. Mitä me tuomme?
— Tuokaa juustoa ja paprikoita ja ottakaa itsellenne viiniä.
— Mihin aikaan?
— Tulkaa noin kello seitsemän.
— Kyllä. Kiitos vielä kutsusta. Nähdään.
— Nähdään.

Älkää lähtekö vielä!

Te-persoonan negatiivinen imperatiivi

älkää + infinitiivin vartalo + **ko/kö**

Infinitiivi	Vartalo	Negatiivinen imperatiivi
puhua	puhu-	Älkää puhu**ko**!
lukea	luke-	Älkää luke**ko**!
jakaa	jaka-	Älkää jaka**ko**!
kirjoittaa	kirjoitta-	Älkää kirjoitta**ko**!
syödä	syö-	Älkää syö**kö**!
tulla	tul-	Älkää tul**ko**!
mennä	men-	Älkää men**kö**!
pestä	pes-	Älkä pes**kö**!
Huom!		
avata	ava-	Älkää ava**t**ko!
valita	vali-	Älkää vali**t**ko!

– Älkää istuko sinne! Ne tuolit on maalattu.
– Älkää jättäkö polkupyöriä rappukäytävän eteen!
– Älkää heittäkö roskia kadulle!
– Älkää menkö liian lähelle kallion reunaa!
– Älkää jättäkö vaatteita vartioimatta[5]!

Objekti imperatiivilauseessa

Imperatiivilauseen objekti on nominatiivissa tai partitiivissa.

A) Objekti on **partitiivissa**, kun

1. imperatiivi on **negatiivinen**
Älä sulje ove**a**!
Älkää jättäkö vaattei**ta** vartioimatta!

2. objekti on **ainesana**, **abstraktisana** tai **epämääräinen määrä**
Juo vet**tä**!
Tuokaa juusto**a**!
Osta kukki**a**!

> **3. lause on prosessi**
> Hoida kunto**a**!
> Kuunnelkaa radio**ta**!
>
> **B)** Objekti on **nominatiivissa**, kun imperatiivilla halutaan **tulos**
> Lue **tämä kirja**! (Vrt. Luen tämä**n** kirja**n**.)
> Käynnistäkää **kone**! (Vrt. Käynnistänkö konee**n**?)

TUPAKOIMATTA

– Kauanko sinä olet ollut tupakoimatta[5]?
– Puoli vuotta.
– Sehän on hienoa. Älä vain aloita uudelleen.
– Joskus on kyllä vaikeaa, mutta yritän olla ajattelematta[5] asiaa.

KUULEMATTA

– En voinut olla kuulematta[5], mitä sinä sanoit. Sinä sitten sait sen apurahan, jota hait. Onneksi olkoon!
– Kiitos, mutta älä kerro vielä kenellekään. Haluan pitää sen toistaiseksi salassa.

Resepti
Tee vappusimaa!

8 l vettä
1 kg fariinisokeria
2 sitruunaa
1/4 tl hiivaa
(1 dl siirappia)
rusinoita

– Pese sitruunat hyvin ja raasta keltainen kuori irti.
– Pane sitruunan kuoret ja sokeri isoon astiaan. Keitä puolet vedestä ja kaada vesi sitruunan kuorien ja sokerin päälle.
– Leikkaa sitruunat. Lisää viipaleet ja loput vedestä astiaan.
– Anna nesteen jäähtyä ja lisää siihen hiiva.
– Pidä juoma huoneenlämmössä seuraavaan päivään asti.
– Pane puhtaisiin pulloihin rusinoita ja teelusikallinen sokeria.

- Kaada sima siivilän läpi pulloihin.
- Sulje pullot ja pane ne jääkaappiin.
- Sima on valmista, kun rusinat nousevat pinnalle.

Astevaihtelu

Yhtymän *mp* heikko aste on *mm*.

Vahva aste	Heikko aste
mp	**mm**

Nominit

N	lämpö	lumme	hammas
P	lämpöä	lummetta	hammasta
Vartalo	lämmö-	lumpee-	hampaa-
Akk.	lämmön	lumpeen	hampaan
G	lämmön	lumpeen	hampaan
Ill.	lämpöön	lumpeeseen	hampaaseen
In.	lämmössä	lumpeessa	hampaassa
El.	lämmöstä	lumpeesta	hampaasta
All.	lämmölle	lumpeelle	hampaalle
Ad.	lämmöllä	lumpeella	hampaalla
Abl.	lämmöltä	lumpeelta	hampaalta

Verbit

Verbityyppi 1	Verbityyppi 4
ampua	kammata
ammun	kampaan
ammut	kampaat
hän ampuu	hän kampaa
ammumme	kampaamme
ammutte	kampaatte
he ampuvat	he kampaavat

- Au! Hammasta särkee!
- Onko sinulla reikä hampaassa?
- On kai. Täytyy mennä hammaslääkärille.

- Anteeksi, mutta missä teillä on kampoja?
- Kysykää tuolta vastapäätä.
- Anteeksi, haluaisin ostaa kamman.
- Niitä on tuolla alahyllyllä.

Erilaisia tapoja käskeä ja pyytää

1) Konditionaali

Konditionaalia voidaan käyttää kohteliaissa kysymyksissä ja pyynnöissä ja painokkaissa pyynnöissä. Vrt. kpl 10

Osaisitteko sanoa, missä täällä on pankkiautomaatti?
Veisitkö roskat ulos?
Avaisitteko ikkunan?
Saisinko lasin vettä?
Ottaisin kahvia.
Olisit hiljaa.
Et olisi niin levoton.

2) *han/hän*-pyyntö

han/hän-liitettä käytetään myös pehmentämään pyyntöä.

Muistathan sulkea ikkunat.
Ethän jätä ovea auki.

3) Imperatiivi

Imperatiivia käytetään yleensä pyynnöissä, mutta se on voimakkaampi kuin konditionaali ja voi olla epäkohtelias joissakin tilanteissa. Imperatiivista saa kohteliaan, jos siihen lisää sanat *Ole hyvä, Ole kiltti* tai *Olkaa hyvä*.

Vie roskat ulos!
Avatkaa ikkuna!
Puhukaa hitaasti, olkaa hyvä!
Muista sulkea ikkuna!
Älä jätä ovea auki!
Ole kiltti ja tiskaa tiskit!

4) Me-imperatiivi

Verbin passiivimuotoa käytetään, kun kehotetaan me-persoonassa.

Lähdetään jo!
Otetaan koira mukaan!
Kerrataan tämä kappale!

Keskustelua

OOPPERAAN

– Miten saisimme liput Rigolettoon?
– Ostakaa ne Oopperan kassalta!
– Mutta näytös on loppuunmyyty.
– Menkää ennen näytöstä lippukassalle. Siellä voi olla muutama peruutuspaikka.

RAUTATIEASEMALLE

– Anteeksi, voitteko sanoa, miten pääsen rautatieasemalle?
– Menette ensin suoraan eteenpäin. Kuljette kahden kadun yli. Pian toisen kadun jälkeen näette suuren valintamyymälän. Älkää kääntykö vielä siitä kulmasta! Kun tulette kauppakujan kohdalle, kääntykää siitä oikealle.

LEIKKIMÄÄN

– Äiti, mitä me voisimme tehdä?
– Menkää ulos leikkimään!
– Me ei haluta mennä ulos.
– No, leikkikää sisällä, mutta älkää sotkeko paikkoja!
– Mutta mitä me leikkisimme?
– Piirtäkää tai maalatkaa jotakin, tai lukekaa kirjoja tai esittäkää teatteria!

– Äiti, missä minun palloni on? En löydä sitä mistään.
– Eikö se ole missään laatikossa tai minkään kaapin alla? Yritä etsiä; katso myös sängyn alta!

Indefiniittinen pronomini *ei mikään*

N	ei mikään	Minä en ole mikään tarjoilija.
P	ei mitään	Emme tiedä mitään asiasta.
G	ei minkään	Hän ei ole minkään kerhon jäsen.
Ill.	ei mihinkään	En halua lähteä tänään mihinkään.
In.	ei missään	Eikö täällä ole missään peiliä?
El.	ei mistään	En löydä mistään avaimiani.
All.	ei millekään	Älä istu millekään tuolille.
Ad.	ei millään	Millään taksiasemalla ei ollut taksia.
Abl.	ei miltään	Emme saaneet taksia miltään pysäkiltä.

Huomautuksia

1) *huonolla tuulella*

Kun joku on vihainen, niin että se näkyy hänestä, sanotaan, että hän on *huonolla tuulella*. Vastaavasti iloisesta ihmisestä sanotaan, että hän on *hyvällä tuulella*.

2) Lohdutusfraasi

Kun halutaan lohduttaa jotakuta, voidaan sanoa: *Älä välitä!*

3) Kärsimättömyysfraasi

Kun halutaan, että toinen lopettaa sen, mitä on juuri sanomassa tai tekemässä, voidaan sanoa: *Älä viitsi!*

4) *tavoittelemanne henkilö*

= henkilö, jota tavoittelette, jonka kanssa haluatte puhua

5) *matta/mättä*

III infinitiivin abessiivia ***matta/mättä*** käytetään, kun halutaan ilmaista, että verbin toiminta ei tapahdu. Pääte ***matta/mättä*** liitetään verbin he-persoonan vartaloon. (Vrt. ***malla/mällä*** kpl 11)

Infinitiivi	He-persoona	Vartalo	III infinitiivi
sulkea	sulkevat	sulke-	sulke**matta**
vartioida	vartioivat	vartioi-	vartioi**matta**
tehdä	tekevät	teke-	teke**mättä**
kuulla	kuulevat	kuule-	kuule**matta**
pestä	pesevät	pese-	pese**mättä**
avata	avaavat	avaa-	avaa**matta**
häiritä	häiritsevät	häiritse-	häiritse**mättä**

Odota sulkematta puhelinta. = Odota niin, että et sulje puhelinta.
Hän istui kuulematta mitään. = Hän istui eikä kuullut mitään.
Yritä olla häiritsemättä. = Yritä olla niin, että et häiritse.

6) tullattavaa
= jotakin, mitä pitää tullata

7) Sisälle
Mihin?   *Sisälle.*
Missä?   *Sisällä.*
Mistä?   *Sisältä.*

8) nyyttikestit
Joskus järjestetään juhlat, joihin jokainen vieras tuo ruokaa ja juomaa itse, niin että talon emännän ei tarvitse valmistaa mitään. Tällaisia juhlia kutsutaan *nyyttikesteiksi*. Nimitys tulee sanoista *nyytti* ('vaatteesta tehty käärö tai pussi') ja *kesti* ('juhla').

Asiahakemisto

Hakusanan kohdalla oleva numero viittaa kappaleeseen, jossa asiaa on käsitelty.

ablatiivi 3
abstrakti sana 6, 14, 15
adessiivi 3, 11
adjektiivi 1, 11
adjektiivin määrite 11
adverbi 1, 11
adverbin määrite 11
aikamuotojen käyttö 9
ainesana 4, 5, 6, 7, 11, 14, 15
ajan ilmaiseminen 2, 5, 6, 7, 11
ajan määrite objektina 7, 9
akkusatiivi 5, 14
allatiivi 3
astevaihtelu 4, 5, 6, 7, 8, 9, 12, 15
demonstratiivipronominit 4, 5, 6, 14
eksistentiaalilause 3, 4, 14
elatiivi 3, 7
epäsuora kysymys 3, 4
geneerinen lause 4, 7, 11
genetiivi 5, 14
han/hän 6, 7, 9, 15
he-persoona 7
hän-persoona 2
illatiivi 3, 7, 14
ilmansuunnat 6
imperatiivi 11, 15
imperfekti 3, 8, 9, 11
indefiniittipronomini ei kukaan 9
indefiniittipronomini ei mikään 15
indefiniittipronomini jokin 9
indefiniittipronomini joku 11, 13
inen-loppuiset paikannimet 14
inessiivi 3, 7
infinitiivi 1, 2, 7, 11, 15
itsellesi 3
juhlapyhät 11
järjestysluvut 7
kaan/kään 4
kappalesana 4, 6, 14
kellonaika 2
kin 1, 6, 13

kolmas III infinitiivi 7, 11, 15
kolmas III infinitiivi, abessiivi 15
kolmas III infinitiivi, adessiivi 11
kolmas III infinitiivi, elatiivi 7
kolmas III infinitiivi, illatiivi 7
kolmas III infinitiivi, inessiivi 7
konditionaali 4, 10
konditionaalin käyttö 10
konkreettinen sana 4
kulkuväline 3
kuukaudet 6
kysymys 1, 10
kysymyslause 1, 3
kysymyspronomini kuka 6, 14
kysymyspronomini mikä 4, 6
kysymyspääte 1
käsky 15
lauseoppia 1, 2, 3, 4, 6, 7, 11, 14
lle ja *lta/ltä*-sijat ihmisestä 6
llinen-adjektiivit 10
l-sijat 3
lta + vaikuttaa, tuntua jne. 9
lukusanat 1, 5
lukusanojen taivutus 5
lyhenteitä 11
maanosat 3
maat ja pääkaupungit 3
me-imperatiivi 11, 15
me-persoona 11
mielipiteen ilmaiseminen 4
minä-persoona 2
monikko 4, 5, 14
monikon nominatiivi 4, 14
negatiivinen imperfekti 9, 13
negatiivinen ja 4
negatiivinen kysymys 2
negatiivinen passiivin imperfekti 13
negatiivinen verbi 2, 9, 10, 13
nesessiivilause 7, 14
nominatiivi 3, 4, 6, 7, 11, 14, 15
nomini 3

objekti 2, 4, 5, 7, 9, 11, 12, 14, 15
olla-verbin imperfekti 3
olla-verbin konditionaali 4
olotilailmaukset 9
omistusstruktuuri 6
paikansijat 3
partitiivi 1, 2, 5, 6, 7, 11, 14, 15
passiivi 11, 12, 13,14
passiivin imperfekti 12, 13
passiivin käyttö 11
passiivin perfekti 13
passiivin pluskvamperfekti 13
passiivin preesens 11
perfekti 9, 10, 13
persoonapronominit 1, 2, 4, 5, 6
persoonapäätteet 1
pluskvamperfekti 9, 13
positiivinen imperfekti 8
possessiivisuffiksi 7, 8, 9, 10, 13
predikatiivi 5, 14
preesens 1, 9, 10, 11
pronominit 1, 2, 4, 5, 6, 9, 11, 14
prosessi 5, 7, 11, 14, 15
puhekielestä 6, 7, 11, 13
pyyntö 10, 15
päiväys 7
pääte 2
rahojen nimet 6
ravintolassa ja kahvilassa 5
relatiivipronomini joka 6, 14
s 5
sanajärjestys 3, 4, 6
sananmuodostusta 5, 10, 13
sanatyypit (*bussi, suuri, suomi, kirje, suomalainen* 3; *lounas, uusi, vasen* 4; *puhelin, kokous, vaate* 5; *kaunis, rikas, lyhyt, lapsi, mies, kevät, lumi* 6; *käännös* 7; *jutella, tavata* 7; *kansi* 8; *kirjallisuus, keitin* 9; *lämmin, maksuton* 10; *onnistunut, veljes* 13)
sinä-imperatiivi 15
sinä-persoona 15
s-sijat 3
subjekti 3, 4, 5, 14
sääilmauksia 2, 6
taitaa 5
taivutusvartalo 2
te-imperatiivi 15
tervehdys ja toivotus 1
terveys 6

tiedustelemme 7
tiedustelu ja kysymys 2
tien kysyminen 4
toivotuksia 11
ton/tön-adjektiivit 10
tulosobjekti 5, 7, 9, 11, 14, 15
uus/yys-substantiivit 13
verbaalisubstantiivi ***minen*** 5
verbin *käydä* merkityksiä 9, 12
verbit *tehdä, nähdä* 3, 8, 9, 10
verbityypit 2, 3, 7, 12
viikonpäivät 3
vokaaliharmonia 1
vuodenaika 4, 6
vuorokaudenaika 2
väitelause 3
yleistävä lause 4, 7, 11

Henkilönimien luettelo

Naisten nimiä

Anne
Anneli
Anni
Anu
Eija
Erja
Hannele
Inkeri
Johanna
Kaarina
Kaija
Kaisa
Katri
Kerttu
Kirsti
Leena
Liisa
Maarit
Maija
Maila
Marja
Marjatta
Minna
Outi
Piia
Pirjo
Pirkko
Raija
Riitta
Satu
Seija
Sinikka
Sirkka
Taru
Tea
Tuija
Tuula
Ulla
Virpi

Miesten nimiä

Anssi
Antero
Antti
Eero
Eino
Erkki
Esa
Esko
Hannu
Harri
Heikki
Ilkka
Ismo
Isto
Jaakko
Jari
Jarkko
Jorma
Jouko
Juha
Jukka
Jussi
Jyrki
Kai
Kari
Keijo
Kimmo
Lasse
Lauri
Markku
Matti
Mikko
Olli
Pasi
Pekka
Pentti
Petri
Reijo
Risto
Sami
Timo
Tuomo
Veijo
Ville

Sukunimiä

Aho
Ahola
Ahonen
Ahtisaari
Halme
Hirvikoski
Hämäläinen
Ilaskivi
Joensuu
Järvelä
Järvi
Järvinen
Kaarto
Kainulainen
Kantola
Karjalainen
Kivimäki
Koivisto
Lahtela
Lahti
Lahtinen
Laine
Lehtimäki
Matikainen
Miettinen
Niemelä
Niemi
Nieminen
Niinisalo
Palonen

Metsäranta
Mäkelä
Mäki
Mäkinen
Nevala
Niemelä
Niemi
Nieminen
Nurmela
Nurmi
Nurminen
Pitkänen
Puttonen
Ranta
Rantala
Rantanen
Rautavaara
Saariaho
Salakka
Talvio
Tammisto
Virta
Virtala
Virtanen
Vuorela
Vuori
Vuorinen
Vuoristo

Kappaleiden sanasto

Kappale 1

hei 1
minä 1
olen 1
persoonapronominit 1
sinä1
hän 1
me 1
te 1
he 1
ihminen 1
asia 1
eläin 1
esine 1
se 1
ne 1
persoonapäätteet 1
puhua 1
vokaali 1
infinitiivi 1
kysyä 1
sanoa 1
istua 1
etsiä 1
olla 1
verbi 1
taivutus 1
preesens 1
kuka 1
suomalainen 1
saksalainen 1
tuo 1
tyttö 1
kiinalainen 1
mitä 1
kieli 1
suomi 1
arabia 1
venäjä 1
englanti 1
ruotsi 1
ja 1

kuinka 1
monta 1
saksa 1
japani 1
minkämaalainen 1
liettualainen 1
venäläinen 1
missä 1
täällä 1
kin = myös 1
kysymyspääte 1
ko/kö 1
vähän 1
huonosti 1
hyvin 1
ruotsalainen 1
Ai 1
sitten 'siinä tapauksessa' 1
tietysti 1
kyllä 1
vielä 1
jo 1
muuta 1
myös 1
ranska 1
jotakin 1
partitiivi 1
konsonantti 1
kassi 1
kirja 1
kello 1
kynä 1
hölmö 1
katu 1
hylly 1
asunto 1
kahvi 1
tee 1
radio 1
museo 1
televisio 1

maa 1
suu 1
tie 1
pää 1
yö 1
puhelin 1
avain 1
kirjain 1
vastaus 1
kysymys 1
mies 1
herätys 1
huone 1
hame 1
osoite 1
kone 1
virhe 1
kirje 1
aine 1
vokaaliharmonia 1
sana 1
vartalo 1
pääte 1
kirjahylly 1
herätyskello 1
lukusanat 1
nolla 1
yksi 1
kaksi 1
kolme 1
neljä 1
viisi 1
kuusi1
seitsemän 1
kahdeksan 1
yhdeksän 1
kymmenen 1
yksitoista 1
kaksitoista 1
kolmetoista 1
neljätoista 1

viisitoista 1
kuusitoista 1
seitsemäntoista 1
kahdeksantoista 1
yhdeksäntoista 1
kaksikymmentä 1
kolmekymmentä 1
neljäkymmentä 1
viisikymmentä 1
kuusikymmentä 1
seitsemänkymmentä 1
kahdeksankymmentä 1
yhdeksänkymmentä 1
sata 1
kaksisataa 1
kolmesataa 1
neljäsataa 1
viisisataa 1
kuusisataa 1
seitsemänsataa 1
kahdeksansataa 1
yhdeksänsataa 1
tuhat 1
jne. (= ja niin edelleen) 1
miljoona 1
miljardi 1
numero 1
pari 1
pesuaine 1
paljon 1
maksaa 1
anteeksi 1
mikä 1
kalenteri 1
euro 1
sentti 1
päivää 1
sanakirja 1
sokeri 1
kopiokone 1
tietokone 1
tulostin 1
kuinka monta 1
kerros 1
pöytä 1
tuoli 1
tanskalainen 1

norjalainen 1
islantilainen 1
englantilainen 1
chileläinen 1
ranskalainen 1
italialainen 1
virolainen 1
latvialainen 1
japanilainen 1
kanadalainen 1
tanska 1
norja 1
islanti 1
espanja 1
italia 1
viro 1
latvia 1
liettua 1
kiina 1
sihteeri 1
tämä 1
posti 1
työssä: työ 1
työ 1
kaupunki 1
Helsinki 1
pieni 1
mutta 1
mielenkiintoinen 1
vanha 1
talo 1
iso 1
tavaratalo 1
tori 1
rautatieasema 1
bussiasema 1
satama 1
keskustelua 1
ei 1
asua 1
tuolla 1
tervehdys 1
toivotus 1
Hyvää huomenta 1
myöhässä 1
huomenta 1
ei se mitään 1

mitään: ei se mitään 1
hauska 1
tutustua 1
Hauska tutustua. 1
tervetuloa 1
kiitos 1
no 1
moi 1
kiva 1
nähdä 1
nii-in 1
pitkästä aikaa 1
aikaa: pitkästä aikaa 1
hyvää iltaa 1
toivottavasti 1
ollenkaan 1
aivan 1
ajoissa 1
Mitä kuuluu? 1
kuuluu: Mitä kuuluu? 1
Kiitos hyvää. 1
hyvää: Kiitos hyvää. 1
sinulle: Entä sinulle? 1
teille: Entä sinulle? 1
Entä sinulle (Teille)? 1
iltaa 1
näkemiin 1
Hyvää jatkoa. 1
jatkoa: Hyvää jatkoa. 1
samoin: Kiitos samoin. 1
Kiitos samoin. 1
taas 1
No hei sitten 1
Nähdään. 1
hyvää yötä 1
kysymyssanat 1
huomautuksia 1
nominatiivi 1
adjektiivi 1
adverbi 1
millainen 1
miten 1
hyvä 1
huono 1
lauseoppia 1
Vrt. = Vertaa! 1
sija 1

Kappale 2

en ole 2
negatiivinen 2
en 2
et 2
ei 2
emme 2
ette 2
eivät 2
minä-persoona 2
vain 2
oikeassa 2
väärässä 2
oikein 2
väärin 2
mitään 2
verbityypit 2
tyyppi 2
katsoa 2
säästää 2
taivutusvartalo 2
juoda 2
saada 2
voida 2
syödä 2
myydä 2
hän-persoona 2
vartalovokaali 2
tulla 2
opiskella 2
kuulla 2
luulla 2
hymyillä 2
nousta 2
pestä 2
päästä 2
panna 2
mennä 2
purra 2
surra 2
haluta 2
osata 2
avata 2
lainata 2

siivota 2
herätä 2
tarvita 2
häiritä 2
opettaja 2
nyt 2
milloin 2
mukaan 2
Mihin aikaan? 2
aikaan: Mihin aikaan 2
aamulla 2
illalla 2
ulos 2
kävellä 2
aikaisin 2
myöhään 2
auttaa 2
kellonaika 2
puoli 2
vaille 2
yli 2
vuorokaudenaika 2
aamu 2
päivä 2
ilta 2
Ei kestä. 2
kestä: Ei kestä. 2
noin 2
lehti 2
kun 2
soida 2
sitten 2
käydä 2
suihkussa: suihku 2
suihku 2
nopea 2
vastata 2
nopeasti 2
oikein 'hyvin, erittäin' 2
aika 'melko' 2
lounasaika 2
ulkona 2
kaunis 2

ilma 2
aika 2
työpäivä 2
päättyä 2
kotona 2
kahvilassa 2
vapaa 2
paikka 2
varattu 2
esitellä 2
insinööri 2
tässä 2
atk-tukihenkilö 2
esittelijä 2
ihan 2
Mikäs tässä. 2
tässä: Mikäs tässä. 2
mukavasti 2
tänään 2
niin 2
siellä 2
tuulla 2
Ole hyvä. 2
hyvä: Ole hyvä. 2
tarkoittaa 2
Ai 2
hissi 2
Tottai kai 2
Olkaa hyvä 2
tiedustelu 2
neuvoa 2
objekti 2
vai 2
mihin 2
mistä 2
ulkoa 2
sataa 2
ruma 2
naapuri 2

Kappale 3

minne 3
illatiivi 3
inessiivi 3
elatiivi 3
allatiivi 3
adessiivi 3
ablatiivi 3
nomini 3
kahvila 3
keittiö 3
suuri 3
Suomi 3
sininen 3
Lontoo 3
Espoo 3
seinä 3
meri 3
Venäjä 3
Tampere 3
tuulinen 3
Kauppatori 3
Keskuskatu 3
Rauhankatu 3
hiljainen 3
viikonpäivät 3
maanantai 3
tiistai 3
keskiviikko 3
torstai 3
perjantai 3
lauantai 3
sunnuntai 3
viikonloppu 3
kirjasto 3
tehdä 3
sairaanhoitaja 3
tarjoilija 3
eilen 3
huomenna 3
toissapäivänä 3
ylihuomenna 3
kulkuväline 3
bussi 3
juna 3
raitiovaunu 3
taksi 3
laiva 3

lentokone 3
polkupyörä 3
moottoripyörä 3
Millä? 3
ero 3
matkustaa 3
joka 3
jäädä 3
pois 3
kotoisin 3
kaupunginosa 3
kerrostalo 3
huoneisto 3
kylpyhuone 3
eteinen 3
peili 3
olohuone 3
työpöytä 3
lattia 3
pehmeä 3
matto 3
makuuhuone 3
sänky 3
yöpöytä 3
tavallisesti 3
taulu 3
suoraan 3
koti 3
ensin 3
Rikhardinkatu 3
kauan 3
piha 3
rappukäytävä 3
huomata 3
että 3
kännykkä 3
tekstiviesti 3
viesti 3
kutsu 3
teatteri 3
heti 3
positiivinen 3
Kiitos viimeisestä. 3
viimeisestä: Kiitos viimeisestä 3
Kiitos itsellesi. 3
itsellesi: Kiitos itsellesi. 3
tosi = todella 3

Soitellaan. 3
joo 3
keskustella 3
kylä 3
ravintola 3
kurssi 3
tekstinkäsittelykurssi 3
atk-kouluttaja 3
jokainen 3
opiskelija 3
kääntäjä 3
Porvoo 3
kauppias 3
Vantaa 3
tulkki 3
Tikkurila 3
lääkäri 3
Sipoo 3
toimittaja 3
aloittaa 3
ulkomaalainen 3
nainen 3
pääkaupunki 3
Englanti 3
Espanja 3
Madrid 3
Islanti 3
Reykjavik 3
Italia 3
Rooma 3
Itävalta 3
Wien 3
Latvia 3
Riika 3
Liettua 3
Vilna 3
Norja 3
Oslo 3
Puola 3
Varsova 3
Ranska 3
Pariisi 3
Ruotsi 3
Tukholma 3
Saksa 3
Berliini 3
Sveitsi 3

Bern 3
Tanska 3
Kööpenhamina 3
Unkari 3
Budapest 3
Moskova 3
Viro 3
Tallinna 3
Euroopan Unioni = EU 3
maanosat 3
Aasia 3
Afrikka 3
Amerikka 3
Australia 3
Eurooppa 3
imperfekti 3
l-sija (lle, lla/llä, lta/ltä) 3
s-sija (Vn, hVn, seen, ssa/ssä, sta/stä) 3
kotoa 3
hyvästely 3
kuulemiin 3

sanatyypit 3
Muita 3
lasi 3
banaani 3
appelsiini 3
suutari 3
muovi 3
pussi 3
saari 3
tyyni 3
uni 3
mieli 3
ääni 3
nuori 3
nimi 3
onni 3
sormi 3
niemi 3
järvi 3
hetki 3
talvi 3
alue 3

tuore 3
puhe 3
väline 3
lause 3
ihminen 3
helsinkiläinen 3
berliiniläinen 3
punainen 3
valkoinen 3
keltainen 3
iloinen 3
onnellinen 3
sanajärjestys 3
subjekti 3
predikaatti 3
Esplanadi 3
eksistentiaalilause 3
kysymyslause 3
väitelause 3
epäsuora 3
Pietari 3

Kappale 4

kuppi 4
kuuma 4
hella 4
kattila 4
kaappi 4
astia 4
keitto 4
ainesana 4
kappalesana 4
konkreettinen 4
vesi 4
suola 4
mehu 4
maito 4
juusto 4
hunaja 4
tölkki 4
omena 4
vadelmahillo 4
alahylly 4
pannu 4
purkki 4
laatikko 4

mansikkahillo 4
paperi 4
jääkaappi 4
voi 4
laiha 4
kylmä 4
ruoka 4
paha 4
piimä 4
hapan 4
musta 4
ostaa 4
kala 4
pullo 4
siinä 4
mansikkamehu 4
lipasto 4
vasen 4
oikea 4
pankkiautomaatti 4
lähin 4
automaatti 4
kai 4

seuraava 4
Liisankatu 4
kauppa 4
Mitä saa olla? 4
jauheliha 4
nauta 4
sika-nauta 4
kilo 4
Tuleeko muuta? 4
homejuusto 4
Jaa 4
gramma 4
ottaa 4
tai 4
kerma 4
kysymyspronomini 4
demonstratiivipronominit 4
oppikirja 4
kokoushuone 4
viimeinen 4
Senaatintori 4
maistaa 4
piano 4

taksiasema 4	koska 4	yläsänky 4
metri 4	uida 4	alasänky 4
asema 4	kevät 4	Rovaniemi 4
ikkuna 4	syksy 4	Luosto 4
auki 4	enää 4	hiihtää 4
muovikassi 4	muusikko 4	sauna 4
videofilmi 4	tukka 4	loma 4
hammasharja 4	loppu 4	ohi 4
filmi 4	nätti 4	yliopisto 4
kirpputori 4	salaatti 4	Vironkatu 4
kauppahalli 4	joki 4	Kruununhaka 4
joka 4	velka 4	ranta 4
Hakaniemi 4	mäki 4	varsinkin 4
astevaihtelu 4	apu 4	kukka 4
vahva 4	lupa 4	kukkia 4
aste 4	halpa 4	lintu 4
heikko 4	äiti 4	laulaa 4
lippu 4	satu 4	paistaa 4
tapa 4	kenkä 4	joskus 4
Irlanti 4	hinta 4	seisoa 4
silta 4	kulta 4	yhdessä 4
kerta 4	parta 4	bussipysäkki 4
he-persoona 4	nukkua 4	keskusta 4
sinä-persoona 4	rikkoa 4	pankki 4
me-persoona 4	hyppiä 4	koulu 4
te-persoona 4	odottaa 4	herra 4
leikkiä 4	pukea 4	ensimmäinen 4
oppia 4	hakea 4	rouva 4
soittaa 4	saapua 4	eteenpäin 4
lukea 4	yöpyä 4	kääntyä 4
sopia 4	viihtyä 4	toinen 4
tietää 4	tahtoa 4	kulma 4
onkia 4	lähteä 4	kunnes 4
antaa 4	tinkiä 4	puisto 4
kieltää 4	tuntea 4	puistotie 4
ymmärtää 4	viheltää 4	Teatterikuja 4
Ahaa! 4	uskaltaa 4	Lauttasaari 4
lentää 4	kertoa 4	Huopalahti 4
siis 4	vuodenaika 4	L-juna 4
kaan/kään 4	monikko 4	Joensuu 4
pitää 4	lounas 4	raide 4
kaveri 4	uusi 4	hitaasti 4
Maneesikatu 4	Lappi 4	Turku 4
opiskelija-asunto 4	kuten 4	kovin 4
Mitä mieltä 4	rappu 4	matka 4
mukava 4	melko 4	mökki 4
kesä 4	laituri 4	kohta 'pian' 4
enemmän 4	tasan 4	Mennään 4
aurinko 4	makuuvaunu 4	tuoda 4

viini 4
amerikkalainen 4
scifi 4
kysyminen 4
paras 4
ajattelet: Mitä ajattelet... 4
Mitä ajattelet 4
mieltä: Mitä mieltä... 4
pitkin 4
patsas 4

vieras 4
sairas 4
eräs 4
muuttaa 4
työpaikka 4
kioski 4
vuosi 4
kuukausi 4
käsi 4
susi 4

tosi 4
täysi 4
kanava 4
kirkko 4
yleistävä 4
geneerinen 4
tupakoida 4
raha 4
sää 4
rokki 4

Kappale 5

lehti 5
akkusatiivi 5
lippu 5
löytää 5
teksti 5
mieto 5
suklaa 5
prosessi 5
samalla 5
aamiainen 5
sama 5
kuinka kauan 5
kirjoittaa 5
rakastaa 5
tulosobjekti 5
tulos 5
yksikkö 5
oma 5
viedä 5
esine 5
roska 5
substantiivi 5
voileipä 5
liha 5
väsynyt 5
keittää 5
kävelykengät 5
käyttää 5
auto 5
vihreä 5
aikoa 5
kaikki 5
varma 5
varmasti 5
ehtiä 5
juuri 5

myöhemmin 5
muistaa 5
usein 5
silloin 5
tällöin: silloin tällöin 5
silloin tällöin 5
yhdessä 5
vain niin 5
tavata 5
miettiä 5
uutinen 5
uutiset 5
vaate 5
päälle 5
sijata 5
kananmuna 5
muna 5
tomaatti 5
appelsiinituoremehu 5
makkara 5
teline 5
lautanen 5
astianpesukone 5
koira 5
lenkki 5
pitkä 5
pimeä 5
joku 5
kotimatka 5
leipä 5
pesupulveri 5
sampoo 5
hammastahna 5
harrastaa 5
ulkoilu 5
uiminen 5

hiihtäminen 5
lukeminen 5
juustosämpylä 5
tiski 5
Saako olla muuta? 5
tila 5
olut 5
ainakin 5
tuoppi 5
keskiolut 5
juotava 5
taitaa 5
valkoviini 5
kuluttua 5
yhteensä 5
ruokalista 5
punaviini 5
lohi 5
pippuripihvi 5
lasku 5
vaan 5
erikseen 5
käteinen 5
hetkinen 5
riittää 5
pankkikortti 5
juu 5
jaaha 5
ehkä 5
pihvi 5
kestää 5
valmistaminen 5
maistua 5
sinappi 5
ylähylly 5
kortti 'luottokortti' 5

lähettää 5
paketti 5
täyttää 5
pakettikortti 5
kirjemerkki 5
Kanada 5
tavallinen 5
postimerkki 5
tässä 5
oikeastaan 5
tuollainen 5
merkkikokoelma 5
erilainen 5
luontoaiheinen 5
monelta 5
elokuva 5

alkaa 5
vasta (ajasta) 5
kiire 5
kokous 5
ihana 5
myöhästyä 5
sade 5
lusikka 5
syötävää 5
laskin 5
valaisin 5
näppäin 5
keskus 5
rakennus 5
koe 5
tiede 5

taide 5
luonne 5
murre 5
johto-oppi 5
verbaalisubstantiivi 5
luistella 5
luisteleminen 5
nukkuminen 5
eniten 5
marjastaminen 5
sienestäminen 5
käveleminen 5
kanssa 5

Kappale 6

genetiivi
iltalehti
virta
kysymyspronominit
relatiiviprononmini
kirkko
rikki
Aasia
suukko
vaalea
lapsi
naimisissa
avomies
avoliitto
unohtaa
käsiala
Itämeri
tytär
romaani
kertoa
historia
Kuule!
väri
omistusstruktuuri
Suurtori
ympärillä
keskellä
takana
Tuomiokirkko

eli
puoli
päärakennus
valtioneuvosto
vieressä
kansallisarkisto
mukana
puhelinvastaaja
silmälasit
tumma
silmä
faksi
abstrakti
nälkä
jano
lämmin
suomalais-espanjalainen
suomalais-englantilainen
valitettavasti
valokuva
kamera
ystävä
korvakorut
turkki
kissa
perhe
lapsi
ovi
tuoda

ehdottaa
takaisin
pusero
housut
sentti
yksityisyrittäjä
atk-firma
asiakas
printteri
modeemi
neuvo
käyttö
firma
vaimo
sairaanhoitaja
terveyskeskus
nuorin
fysiikka
teknillinen
korkeakoulu
vanhin
jatko-opiskelija
pääaine
kääntäjä
kesämökki
rentoutua
kalastaa
lämmittää
melkein

jälkeen
terassi
viikko
tammikuu
uudenvuodenpäivä
huhtikuu
kesäkuu
syyskuu
marraskuu
aurinko
paistaa
iloisesti
muuttolintu
etelä
lumi
sulaa
jää
puu
pensas
lehti (puussa)
lyhyt
pohjoinen
laskea
veneillä
heinäkuu
lomakuukausi
ruska
sataa
sataa vettä
tuulla
metsä
sieni
marja
mennä marjaan
mennä sieneen
kaamos
pakkanen
sataa lunta
ensi
kuu = kuukausi
sydäntalvi
keskitalvi
helmikuu
helmi
jäähelmi
maaliskuu
näkyä

huhti
kaski = uusi pelto
pelto
toukokuu
touko = peltotyöt
heinäkuu
heinä
elokuu
elo = viljasato
viljasato
syys
lokakuu
loka = kura ja lika
kura
lika
marras
kuollut
joulukuu
joulu
ilmansuunta
itä
länsi
koillinen
kaakko
lounas
luode
Pohjois-Suomi
Itä-Suomi
Etelä-Suomi
Länsi-Suomi
Koillis-Suomi
Kaakkois-Suomi
Lounais-Suomi
Luoteis-Suomi
puhelu
ajanvaraus
kuume
nuha
vilustunut
yleislääkäri
kurkku
kipeä
yskä
päänsärky
varmaan
lääkäri
tänne

todistus
sairasloma
varten
päivystää
asti
käytävä
tohtori
kutsua
korkea
särkeä
suu
resepti
yrittää
ohi
apteekki
aspiriini
jotain = jotakin
flunssalääke
minuutti
olo
voida (terveydestä)
unilääke
juoma
helpottaa
ystävällinen
terveys
vatsa
selkä
varata
avioliitto
todellakin
sienestää
marjastaa
mennä kalaan
kallis
valmis
ruumis
tiivis
rikas
hidas
asiakas
rakas
tehdas
opas
ohut
olut
kevyt

Kappale 7

kolmas III infinitiivi
valita
voimistella
menossa
Yrjönkatu
uimahalli
Kuule
vaikka 'esimerkiksi'
jutella
tulossa
pelata
kössi
urheiluhalli
squashi
tennis
mikäs siinä
käännös
itse: itse asiassa
aamupäivä
tarkka
paikalla
ennen
nesessiivilause
täytyy
ei tarvitse
tarvitse: ei tarvitse
hankkia
etukäteen
maito
pyykki
ajatella
pitää 'täytyy'
pakko
miksi
laihtua
lihava
han/hän
liikaa
paino
höpsis
yhtään
hoikka
liian
laiha
kuten
pasta
tosi 'todella'

huoltomies
hana
vuotaa
vaihtaa
tiiviste
puhelinnumero
luettelo
vesihana
kyllä vain
milloin vain
koko
koulutusyhteiskunta
arvostaa
koulutus
siksi
moni
lisää
Tampere
intensiivikurssi
päättää
ilmoittautua
kurssimaksu
pankkitili
hotellihuone
kurssipaikka
läheltä
lauantaiaamu
joten
junamatka
ravintolavaunu
saapua
matkalaukku
hotelli
kurssilainen
kuunnella
erityisesti
paremmin
jälkeen
päättyä
levätä
uima-allas
saunoa
päivällinen
pakata
aula
jättää
portieri

säilytys
jatkua
iltapäivä
kiirehtiä
tyytyväinen
järjestysluvut
ensimmäinen
yhdestoista
toinen
kahdestoista
kahdeskymmenes
kolmas
kolmastoista
kolmaskymmenes
neljäs
neljästoista
neljäskymmenes
viides
viidestoista
viideskymmenes
kuudes
kuudestoista
kuudeskymmenes
seitsemäs
seitsemästoista
seitsemäskymmenes
kahdeksas
kahdeksastoista
kahdeksaskymmenes
yhdeksäs
yhdeksästoista
yhdeksäskymmenes
kymmenes
sadas
virallinen
päiväys
henki 'henkilö'
varattuna
ravintolasali
tavattavissa
tapaaminen
terveiset
pyytää
alanumero
suora
jotenkin
johtaja

toimisto
tiedustella
possessiivisuffiksit
ni
si
nsa/nsä
mme
nne

vain 'tahansa'
lähelle
lähellä
teos
tungos
rikos
suomennos
laitos

näytös
päätös
esitellä
suudella
luvata
kadota
maata
kerrata

Kappale 8

imperfekti
ym. = ynnä muuta
säilöä
arvioida
nauraa
laulaa
kantaa
ajaa
laittaa
vaihtaa
lentää
tuntea
löytää
kääntää
kieltää
pyytää
syntyä
kuolla
veljes: veljekset
suomenkielinen
romaani
maalata
palkinto
keisari
hallita
verrata
siivota
katsella
pyykki
näyttely
oikeastaan
ulkoilla
muuten
tulo: tulossa
tulossa
varmaankin
mielelläni
lauantaiaamu

poikaystävä
ikävä
ajatella
näyttää
tärkeä
unohtaa
vastaan
lentokenttä
tulli
läpi
ruusu
suukko
tanssia
tilata
grillipihvi
lopuksi
jälkiruoka
yökerho
orkesteri
drinkki
kiinni: mennä kiinni
mennä kiinni
vaikka
merivesi
paistettu
perunamuusi
kehua
kulua
historia
n. = noin
eKr. = ennen Kristusta
indoeurooppalainen
väestö
sekoittua
alkuperäinen
alue
vaikuttaa
balttilais-germaaninen

Suomenlahti
ympäristö
kantasuomea
jKr. = jälkeen Kristuksen
itä
slaavilainen
vaikutus
kehittyä
itämerensuomalainen
esim. = esimerkiksi
ristiretki
vähitellen
osa
joutua
sota
keisarikunta
voittaa
liittää
Hamina
rauha
virallinen
itsenäinen
maailmansota
talvisota
jatkosota
liittyä
unioni
lautta
yöpyä
jatkaa
kautta
viettää
raskas
Kouvola
purjehtia
purjevene
muutama
retki

paistaa (ruoasta)
makkara
jättää
yksin
oikea 'aito'

laivakoira
kansi
hytti
vaikkapa
valokuvakokoelma

vastassa
varsi
hirsi
kynsi

Kappale 9

konserttilippu
ruveta
edes
rikki
ongelma
tallentaa
tiedosto
levyke
hakemisto
molemmat
johtua
kukaan: ei kukaan
ei kukaan
jokin
vika
Etelä-Eurooppa
laukku
ihastua
syntymäpäivä
täyttää
liike 'firma'
työntekijä
suunnittelija
huomata
toivoa
jaksaa
juuri 'tuskin'
ruokahalu
kulua
uskaltaa
sukunimi
perfekti
pluskvamperfekti
aikaisemmin
kahvinkeitin
rikkoa
töpseli
seinä
toimia

sisällä (ajasta)
vaikuttaa
tuntua
neliö
kyllästyä
naapuri
meteli
tilava
valoisa
paasto
onnistua
paastota
koskaan: ei koskaan
ei koskaan
aihe
tarpeeksi
aloittaa
huimaus
lopettaa
kesken
elämä
kuusivuotias
koulu
ylioppilaskoe
teknillinen
opisto
suorittaa
atk-suunnittelija
tutkinto
seurustella
yhteinen
musiikki
harrastaa
kirjallisuus
miettiä
tulevaisuus
yhteen
sopiva
ulkopuolelle

lopulta
pystyä
yhteinen
kuntosali
voimistella
tupakka
polttaa
harjoitus
ainakin
luultavasti
sellainen
kysellä
parempi
näyttää
tapahtua
sattua
päällä
päältä
ulkopuolella
ulkopuolelta
onnettomuus
ystävällisyys
kauneus
nuoruus
vanhuus
rikkaus
köyhyys
keitin
ydin
paahdin
pyyhin
kosketin
tuuletin
soitin
kirjoitin
Lappeenranta
kansallismuseo
Porvoo

Kappale 10

konditionaali
Annankatu
poikkikatu
takki
kassa
luona
mieluummin
mielelläni
juttu
työvire
nostaa
kohtelias
pyyntö
tili
saldo
tallettaa
painokas
artikkeli
valittaa
ikinä
uskoa
tapahtua
naimisiin
mieluiten
leikkiä
ajatus
muu
kuitenkin
näköala
hankkia
koti
astianpesukone
pyykinpesukone
pakastin
sähköliesi
kaasuliesi
tekstinkäsittelyohjelma
peli
veneillä
moottorivene
saaristo
vene

välillä
bensa
satama
tietenkään
vuokrata
muualla
suurkaupunki
pikkukaupunki
oikeasti
katkarapusalaatti
kreikkalainen
käsitellä
kulttuuri
suhde
voittaa
lotto
miljoona
maailma
ympäri
samppanja
purjevene
purjehtia
oikeastaan
huono
alennusmyynti
kamala
hirveä
tungos
ale
varaa
tuhlata
vastustaa
ihana
elää
ilman
paitsi: sitä paitsi
sitä paitsi
kalliimpi
edullisesti
alennus
kannattaa
talletustili

palkka
palvelupaketti
tiliote
maksuautomaattipalvelut
automaatti
maksuton
tiski
maksullinen
kuukausimaksu
automaattikäyttö
henkilötodistus
henkilötietokaavake
tunnusluku
opetella
ulkoa 'ulkomuistista'
ainakaan
kadottaa
käsilaukku
lompakko
allekirjoittaa
kuitti
sittenkin
luokse
luota
väritön
valoton
isätön
suolaton
mauton
puuton
uneton
maksu
väri
valo
isä
suola
maku
suolainen
maukas
isällinen

Kappale 11

kuva
remontti
rakentaa
juhlia
vappu
passiivi
preesens
jakaa
junaonnettomuus
pesukone
kunto: saada kuntoon
saada kuntoon
huoltomies
huuhdella
lingota
vaikea
viitsiä
viulukonsertti
erityinen
niin no
viulumusiikki
erityisemmin
pianomusiikki
ostoslista
tallentaa
painaa
riisi
etupäässä
peruna
lämmittää
lakaista
mysli
jogurtti
rypsi
valmistaa
öljy
vintti
käyttöjärjestelmä
juoruta
oululainen
nimipäivä
juhlapyhä
juhla
uudenvuodenaatto
järjestää
pormestari
puhe

vaihtua
toivottaa
valaa
tina
pääsiäinen
lammaspaisti
mämmi
pasha
suklaamuna
narsissi
pajunkissa
noita
tipu
koristaa
työläinen
ylioppilas
karnevaali
vauhdikkaasti
seurustella
ilmapallo
viuhka
pilli
hassu
naamari
Linnanmäki: huvipuisto
huvipuisto
tippaleipä
sima
juhannus
keskikesä
valvoa
nauttia
kokko
polttaa
keskiyö
itsenäisyyspäivä
itsenäisyys
presidentti
linna
vastaanotto
marssia
soihtukulkue
sytyttää
kynttilä
arvokas
jouluaatto
leipoa

piparkakku
joulutorttu
tuoksua
hautausmaa
omainen
hauta
jouluillallinen
graavi
rosolli
kinkku
lanttulaatikko
porkkanalaatikko
perunalaatikko
lipeäkala
riisipuuro
lahja
joulupukki
lisäksi
laskiainen
vaihde
äitienpäivä
rapujuhla
pyhäinpäivä
pikkujoulu
tarjota
työpaikka
syntymäpäivä
perhejuhla
lastenkutsut
pyöreä
yleensä
sukulainen
tutttava
työtoveri
aatto
resepti
keltuainen
maitorahka
rahka
sukaatti
manteli
sitruuna
kuori
mehu
vaniljasokeri
vatkata
sekoittaa

joukko
vaahto
lisätä
jauhaa
raastaa
puristaa
reiällinen
harsokangas
pashataikina
kaataa
reuna
taikina
paino
alla
parturi
leikkaus
leikata
ajaa (parta)
parta
kokonaan
siistiä
kampaaja
pesu
föönaus
tasoittaa
latva
sävytys
kestosävytys
raita
sävy
näköinen
pesula
pusero
hame
kuivapesu
peitto
pesuohje
vesipesu
puuvilla
prässäys
pikkutakki
riittää
prässätä
luvata
lappu
suutari
korkolaput

korjata
nahkatavara
hihna
irti
unohtaa
hankala
harjoitella
hermostua
ratkaista
siirtää
tekstipätkä
alku
helppo
merkata
alue
nuolinäppäin
kohta 'paikka'
rauhallinen
Onneksi olkoon!
olkoon: Onneksi olkoon!
onni
jatko
vuodenjatko
lyhenne
cm = senttimetri
dl = desilitra
g = gramma
huom! = huomaa
jne. = ja niin edelleen
kg = kilogramma
kk = kuukausi
klo = kello
km = kilometri
kpl = kappale
ks. = katso
l = litra
m = metri
m^2 = neliömetri
mm = millimetri
mm. = muun muassa
ns. = niin sanottu
os. = osoite
puh./p. = puhelinnumero
rkl = ruokalusikallinen
tl = teelusikallinen
tlk = tölkki
tms. = tai muuta sellaista

v, v. = vuosi, vuonna
vrt. = vertaa
ym. = ynnä muuta
ma = maanantai
ti = tiistai
ke = keskiviikko
to = torstai
pe = perjantai
la = lauantai
su = sunnuntai
vuokra
Myyrmäki
h = huone
k = keittiö
kph = kylpyhuone
takuuv. = takuuvuokra
takuuvuokra
Meilahti
kk = keittokomero
keittokomero
s = suihku
vp. = vuokrapyyntö
vuokrapyyntö
vap. = vapaa
vapaa
tasokas
vuokra-as. = vuokra-asunto
vuokra-asunto
Hki = Helsinki
kulkuyht. = kulkuyhteys
kulkuyhteys
luotettava
työssäk. = työssäkäyvä
työssäkäyvä
siisti
lapseton
pariskunta
julkaista
värjätä
alle
alta
harvinainen
luvaton
lujaa
kaatua
pallo

Kappale 12

Amerikka
keksiä
sydämensiirto
siirtää
leikkaus (kir.)
kuu
Suomenlinna
päätös
varsinainen
rakennustyö
linnoitus
työvoima
armeija
siviili
vanki
valmistua
Kustaanmiekka
juhlallinen
kastajaiset
kunnostaa
nykyään
virkistysalue
asuinalue
kulttuurialue
luku
kyky

perustaa
Vantaanjoki
kuningas
Kustaa Vaasa
Vironniemi
nykyinen
hävitä
menettää
liittää
valtiopäivät
autonomia
entinen
palaa
palo
suunnitella
luoda
empirekeskusta
loppu
elää
taloudellinen
valtiollinen
kehitys
kehittyä
suurin
tärkein
itsenäinen

keskittää
eduskunta
ministeriö
suurlähetystö
pommittaa
korjata
uudestaan
olympialaiset
kostea
lämmittää
tyypillinen
kevätviikonloppu
grillata
telakka
maalata
saunailta
kutsut
syntymäpäivät
häät
hautajaiset
ristiäiset
selvitä
keritä
levitä

Kappale 13

opettaa
latina
materiaali
asuntola
ruokailu
itse
työnantaja
suunnittelu
liikemiesryhmä
Kiina
Japani
matkatoimisto
viisumi
matkaohjelma
aluksi
kaikenlainen
hankala

passi
peruuttaa
lopulta
järjestyä
ryhmä
onnistunut
Peking
Tokio
valuutta
valuuttaosasto
viikonloppumatka
meno
paluu
hytti
yhtään
vapaa
kansipaikka

vuode
viisumianomus
viisumianomuslomake
hoitaa
puolestani
allekirjoitus
anomus
valvoa
kärsiä
unettomuus
onneksi
tavara
roska
varaosa
tilata
maahantuoja
pianisti

sairastua
tapaaminen
tavoittaa
kuulemma
pitkään 'kauan'
ahdas
OK
remontti
remontoida
pääoma
säästää
etukäteen
laina
tupaantuliaiset
kokonaan
alkeet
selviytyä
jokapäiväinen
selvä
helppo

jatkaa
eteenpäin
tutkia
yleiskieli
virallinen
yhteys
puuttua
terminologia
sanasto
sivistyskieli
kuuluisa
kansanrunous
kerääjä
Kalevala-eepos
luoja
todella
aktiivinen
virallisesti
vajaa
veljekset (veljes)

julkaista
painos
kokenut
kulunut
masentunut
tottunut
hermostunut
sivistynyt
hämmästynyt
vihannes
juures
nuori
värittömyys
viallisuus
vanhuus
nuoruus
kylmyys
melu
eines

Kappale 14

luonto-ohjelma
villieläin
nykyään
isoäiti
monenlainen
tietoliikenneverkko
laulu
valta
päärynä
kylpylä
kävijä
mansikka
kännykkä
tavara
vyö
kunta
kansio
muuttaminen
ruskea
laatikko
muovimuki
pahvilaatikko
muistaakseni
lautanen
aikaa: sillä aikaa

sillä aikaa
tienoo
miljöö
revyy
suo
teema
porkkana
peruna
voimala
kirjailija
puolukka
festivaali
Pori
jazz-festivaalit
Kaustinen
kansanmusiikkijuhlat
Ikaalinen
Sata-Häme
tapahtuma
elämys
välittää
jazzi
kesäviikonloppu
kaupunkiasunto
lisäksi

yhteys
pesuhuone
löylyhuone
kantaa
sähkösauna
yhtä
puulämmitteinen
maalaissauna
meno
koivunoksa
vasta
löyly
vastoa
lyödä
lyödä löylyä
juosta
kuisti
ylpeä
metsä
alkukesä
hoitaa
istuttaa
vihannes
ns. = niin sanottu
jokamies: jokamiehen oikeus

oikeus
jokamiehen oikeus
kunhan
piha-alue
tieto
asukas
väkiluku
pinta-ala
km^2 = neliökilometri
neliökilometri
pohjoisnapa
kaukana
hirveä
jääkarhu
kaksikielinen
suomenkielinen
koululainen
ruotsinkielinen
lappalainen
etninen
pohjoiskalotti
saamelainen
lappi
saami
sukukieli
suomalais-ugrilainen
tasavalta

eduskunta
kansanedustaja
enemmistö
oikeistolainen
vähemmistö
vasemmistolainen
puolue
seksi
eri
eteen
kotinumero
työnumero
suora
vaihde
keskus
alanumero
Kauniainen
edessä
edestä
tyhjä
lokki
aurinkoinen
hiljainen
karjalainen
puhelias
avuton
hiukset (hius)

mäyräkoira
jalka
sakset
tylsä
silkki
puuvilla
empire
öljy
rakastaminen
vaikea
arvosteleminen
helppo
ilmestyä
sorsa
taistelu
kuolla
siviili
höyry
valua
laita
pudota
sukulainen
turisti
valokuvata
kastella
delfiini
älykäs

Kappale 15

vetää
työntää
imperatiivi
poistaa
siirtää
tulostaa
kopioida
asiakirja
syöttää
tunnusluku
kuitti
puhelinvastaaja
jättää
viesti
kotivastaaja
sulkea
lopuksi
tilanne
sammuttaa

sytyttää
päälle: panna päälle
panna päälle
päältä: ottaa pois päältä
ottaa pois päältä
hiljaa
painaa
nappi
rauhallisesti
palauttaa
varoa
särkeä
kulkea
järki
hylje
poljin
arki
jälki
olki

palje
suljin
muistuttaa
sähköposti
sähköpostiosoite
tiskata
ryöpätä
myrkyllinen
paha
huonolla tuulella
henkilökohtaisesti
viitsiä
valittaa
onnellinen
kiinnittää
istuinvyö
kytkeä
virta
pesuohjelma

aukko
käynnistää
käynnistysnappi
tavoitella
henkilö
puhelu
matkalaukku
tullattava
meluta
hätätilanne
sisälle
tiedotus
hengenvaara
nyyttikestit
paprika
polkupyörä
eteen
heittää
kallio
reuna
vartioida
hieno
apuraha
Onneksi olkoon!
toistaiseksi
sala: pitää salassa

pitää salassa
vappusima
fariinisokeri
sitruuna
hiiva
siirappi
rusina
raastaa
kuori
irti
kaataa
leikata
lisätä
viipale
neste
jäähtyä
huoneenlämpö
puhdas
sima
siivilä
läpi
pinta
lämpö
lumme
hammas
ampua

kammata
reikä
hammaslääkäri
kampa
vastapäätä
levoton
kiltti
tiskit
ooppera
loppuunmyyty
lippukassa
peruutuspaikka
yli
valintamyymälä
kauppakuja
kohta 'paikka'
sotkea
piirtää
esittää
pallo
kerho
pysäkki
sisällä
sisältä
nyytti
kesti

Aakkosellinen sanasto

aamiainen 5
aamu 2
aamujuna 6
aamulla 2
aamupäivä 7
Aasia 3
aatto 11
ablatiivi 3
abstrakti 6
adessiivi 3
adjektiivi 1
adverbi 1
Afrikka 3
Ahaa! 4
ahdas 13
Ai 1
Ai 2
aika 'melko' 2
aika 2
aikaa: pitkästä aikaa 1
aikaa: sillä aikaa 14
aikaan: Mihin aikaan 2
aikaisemmin 9
aikaisin 2
aikamuoto 9
aikoa 5
aina 6
ainakaan 10
ainakin 5
aine 1
ainesana 4
aivan 1
ajaa (parta) 11
ajaa 8
ajanvaraus 6
ajatella 7
ajattelet: Mitä ajattelet... 4
ajatus 10
ajoissa 1
akkusatiivi 5
aktiivinen 13
alahylly 4
alasänky 4

ale 10
alennus 10
alennusmyynti 10
alkaa 5
alkeet 13
alku 11
alkukesä 14
alkuperäinen 8
alla 11
allatiivi 3
alle 11
allekirjoittaa 10
aloittaa 3
alta 11
alue 3
aluksi 13
Amerikka 3
amerikkalainen 4
ampua 15
Annankatu 10
antaa 4
anteeksi 1
appelsiini 3
appelsiinituoremehu 5
apteekki 6
apu 4
apuraha 15
arabia 1
arki 15
armeija 12
artikkeli 10
arvioida 8
arvokas 11
arvostaa 7
arvosteleminen 14
asema 4
asia 1
asiakas 6
aspiriini 6
aste 4
astevaihtelu 4
asti 6
astia 4

astianpesukone 5
asua 1
asuinalue 12
asukas 14
asunto 1
asuntola 13
atk-firma 6
atk-kouluttaja 3
atk-suunnittelija 9
atk-tukihenkilö 2
auki 4
aukko 15
aula 7
aurinko 4
aurinkoinen 14
Australia 3
auto 5
automaatti 4
automaattikäyttö 10
autonomia 12
auttaa 2
avain 1
avata 2
avioliitto 6
avoliitto 6
avomies 6
avuton 14
balttilais-germaaninen 8
banaani 3
bensa 10
Berliini 3
berliiniläinen 3
Bern 3
Budapest 3
bussi 3
bussiasema 1
bussipysäkki 4
chileläinen 1
delfiini 14
demonstratiivipronominit 4
dl = desilitra 11
drinkki 8
edes 9

edessä 9
edullisesti 10
eduskunta 12
ehdottaa 6
ehkä 5
ehtiä 5
ei 1
Ei kestä. 2
ei koskaan 9
ei kukaan 9
ei se mitään 1
ei tarvitse 7
eilen 3
eines 13
eivät 2
eKr. = ennen Kristusta 8
eksistentiaalilause 3
elatiivi 3
eli 6
e-lippu 14
elo = viljasato 6
elokuu 6
elokuva 5
eläin 1
elämys 14
elämä 9
elää 10
emme 2
empire 14
empirekeskusta 12
en 2
en ole 2
enemmistö 14
enemmän 4
englanti 1
Englanti 3
englantilainen 1
eniten 5
ennen 7
ennen kuin 7
ensi 6
ensimmäinen 4
ensin 3
entinen 12
Entä sinulle (Teille)? 1
enää 4
epäsuora 3
eri 14
erikseen 5

erilainen 5
erityinen 11
erityisemmin 11
erityisesti 7
ero 3
eräs 4
esim. = esimerkiksi 8
esine 1
esine 3
esitellä 2
esittelijä 2
esittää 15
espanja 1
Espanja 3
Esplanadi 3
Espoo 3
et 2
eteen 15
eteenpäin 4
eteinen 3
etelä 6
Etelä-Eurooppa 9
Etelä-Suomi 6
etninen 14
etsiä 1
ette 2
että 3
etukäteen 7
etukäteen 13
etupäässä 11
euro 1
Euroopan Unioni = EU 3
Eurooppa 3
faksi 6
fariinisokeri 15
festivaali 14
filmi 4
firma 6
flunssalääke 6
fysiikka 6
föönaus 11
g = gramma 4
geneerinen 4
genetiivi 6
graavi 11
gramma 4
grillata 12
grillipihvi 8
h = huone 11

Hakaniemi 4
hakea 4
hakemisto 9
hallita 8
halpa 4
haluta 2
halvalla 13
hame 1
Hamina 8
hammas 15
hammasharja 4
hammaslääkäri 15
hammastahna 5
han/hän 7
hana 7
hankala 11
hankkia 7
hapan 4
harjoitella 11
harjoitus 9
harrastaa 5
harsokangas 11
harvinainen 11
hassu 11
hauska 1
Hauska tutustua. 1
hauta 11
hautajaiset 12
hautausmaa 11
he 1
hei 1
heikko 4
heinä 6
heinäkuu 6
heittää 15
hella 4
helmi 6
helmikuu 6
helpottaa 6
helppo 11
Helsinki 1
helsinkiläinen 3
hengenvaara 15
henki 'henkilö' 7
henkilö 15
henkilökohtaisesti 15
henkilötietokaavake 10
henkilötodistus 10
he-persoona 4

hermostua 11
hermostunut 13
herra 4
herätys 1
herätyskello 1
herätä 2
heti 3
hetki 3
hetkinen 5
hidas 6
hieno 15
hienosti 9
hihna 11
hiihtäminen 5
hiihtää 4
hiiri (tietokoneen) 11
hiiva 15
hiljaa 15
hiljainen 3
hinta 4
hirsi 8
hirveä 10
hirvi 14
hissi 2
historia 6
hitaasti 4
hiukset (hius) 14
Hki = Helsinki 11
hoikka 7
hoitaa 13
homejuusto 4
hotelli 7
hotellihuone 7
housut 6
huhti 6
huhtikuu 6
huimaus 9
hunaja 4
huoltomies 7
huom! = huomaa 11
huomata 3
huomautuksia 1
huomenna 3
huomenta 1
huone 1
huoneenlämpö 15
huoneisto 3
huono 1
huonolla tuulella 15

huonosti 1
Huopalahti 4
huuhdella 11
huvipuisto 11
hylje 15
hylly 1
hymyillä 2
hyppiä 4
hytti 8
hyvin 1
hyvä 1
hyvä: Ole hyvä. 2
hyvästely 3
Hyvää huomenta 1
hyvää iltaa 1
Hyvää jatkoa. 1
hyvää yötä 1
hyvää: Kiitos hyvää. 1
häiritä 2
hämmästynyt 13
hän 1
hän-persoona 2
hätätilanne 15
hävitä 12
häät 12
hölmö 1
höpsis 7
höyry 14
ihan 2
ihana 5
ihastua 9
ihminen 1
ihminen 3
Ikaalinen 14
ikinä 10
ikkuna 4
ikävä 8
illalla 2
illatiivi 3
ilma 2
ilman 10
ilmansuunta 6
ilmapallo 11
ilmestyä 14
ilmoittautua 7
iloinen 3
iloisesti 6
ilta 2
iltaa 1

iltalehti 6
iltapäivä 7
imperatiivi 15
imperfekti 3
indoeurooppalainen 8
inessiivi 3
infinitiivi 1
insinööri 2
intensiivikurssi 7
Irlanti 4
irti 11
islanti 1
Islanti 3
islantilainen 1
iso 1
isoäiti 14
istua 1
istuinvyö 15
istuttaa 14
isä 8
isällinen 10
isätön 10
italia 1
Italia 3
italialainen 1
itse 13
itse: itse asiassa 7
itsellesi: Kiitos itsellesi. 3
itsenäinen 8
itsenäisyys 11
itsenäisyyspäivä 11
itä 6
itämerensuomalainen 8
Itämeri 6
Itä-Suomi 6
Itävalta 3
ja 1
Jaa 4
jaaha 5
jakaa 11
jaksaa 9
jalka 14
japani 1
Japani 13
japanilainen 1
jatkaa 8
jatko 11
jatkoa: Hyvää jatkoa. 1
jatko-opiskelija 6

jatkosota 8
jatkua 7
jauhaa 11
jauheliha 4
jazz-festivaalit 14
jKr. = jälkeen Kristuksen 8
jne. = ja niin edelleen 1
jo 1
Joensuu 4
jogurtti 11
johtaja 7
johto-oppi 5
johtua 9
joka 3
joka 4
jokainen 3
jokamiehen oikeus 14
jokamies: jokamiehen oikeus 14
jokapäiväinen 13
joki 4
jokin 9
joku 5
jolloin 11
joo 3
jos 6
joskus 4
jossain 9
jotain = jotakin 6
jotakin 1
joten 7
joukko 11
joulu 6
jouluaatto 11
jouluillallinen 11
joulukuu 6
joulupukki 11
joulutorttu 11
joutua 8
juhannus 11
juhla 11
juhlallinen 12
juhlapyhä 11
juhlia 11
julkaista 11
juna 3
junamatka 7
junaonnettomuus 11
juoda 2
juoma 6

juoruta 11
juosta 14
juotava 5
jutella 7
juttu 10
juu 5
juures 13
juuri 'tuskin' 9
juuri 5
juusto 4
juustosämpylä 5
jälkeen 6
jälki 15
jälkiruoka 8
järjestysluvut 7
järjestyä 13
järjestää 11
järki 15
järvi 3
jättää 7
jää 6
jäädä 3
jäähelmi 6
jäähtyä 15
jääkaappi 4
k = keittiö 11
kaakko 6
Kaakkois-Suomi 6
kaamos 6
kaan/kään 4
kaappi 4
kaasuliesi 10
kaataa 11
kaatua 11
kadota 7
kadottaa 10
kadunkulma 13
kahdeksan 1
kahdeksankymmentä 1
kahdeksansataa 1
kahdeksantoista 1
kahdeksas 7
kahdeksaskymmenes 7
kahdeksastoista 7
kahdeskymmenes 7
kahdestoista 7
kahvi 1
kahvila 3
kahvilassa 2

kahvinkeitin 9
kai 4
kaikenlainen 13
kaikki 5
kaksi 1
kaksikielinen 14
kaksikymmentä 1
kaksisataa 1
kaksitoista 1
kala 4
kalastaa 6
kalenteri 1
Kalevala-eepos 13
kalliimpi 10
kallio 15
kallis 6
kamala 10
kamera 6
kammata 15
kampa 15
kampaaja 11
Kanada 5
kanadalainen 1
kananmuna 5
kanava 4
kannattaa 10
kansallisarkisto 6
kansallismuseo 9
kansanedustaja 14
kansanmusiikkijuhlat 14
kansanrunous 13
kansi (kattilan kansi) 9
kansi (laivan kansi) 8
kansio 9
kansipaikka 13
kanssa 5
kantaa 14
kantaa 8
kantasuomea 8
kappale 1
kappalesana 4
karhu 14
karjalainen 14
karnevaali 11
kaski = uusi pelto 6
kassa 10
kassi 1
kastajaiset 12
kastella 14

katkarapusalaatti 10
katsella 8
katsoa 2
kattila 4
katu 1
kauan 3
kaukana 14
kauneus 9
Kauniainen 14
kaunis 2
kauppa 4
kauppahalli 4
kauppakuja 15
Kauppatori 3
kauppias 3
kaupunginosa 3
kaupunki 1
kaupunkiasunto 14
kaupunkilainen 14
Kaustinen 14
kautta 8
kaveri 4
ke = keskiviikko 11
kehittyä 8
kehitys 12
kehua 8
keisari 8
keisarikunta 8
keitin 9
keittiö 3
keitto 4
keittokomero 11
keittää 5
keksiä 12
kello 1
kellonaika 2
keltainen 3
keltuainen 11
kenkä 4
kerho 15
keritä 12
kerma 4
kerrata 7
kerros 1
kerrostalo 3
kerta 4
kertoa 4
kerääjä 13
keskellä 6

kesken 9
keskikesä 11
keskiolut 5
keskitalvi 6
keskittää 12
keskiviikko 3
keskiyö 11
keskus 5
Keskuskatu 3
keskusta 4
keskustella 3
keskustelua 1
kesti 15
kestosävytys 11
kestä: Ei kestä. 2
kestää 5
kesä 4
kesäkuu 6
kesämökki 6
kesäviikonloppu 14
kevyt 6
kevät 4
kevätviikonloppu 12
kg = kilogramma 11
kieli 1
kieltää 4
kieltää 8
kiina 1
Kiina 13
kiinalainen 1
kiinnittää 15
kiire 5
kiirehtiä 7
kiitos 1
Kiitos hyvää. 1
Kiitos itsellesi. 3
Kiitos samoin. 1
Kiitos viimeisestä. 3
Kiitti = Kiitos 6
kilo 4
kiltti 15
kin = myös 1
kinkku 11
kioski 4
kipeä 6
kirja 1
kirjahylly 1
kirjailija 14
kirjain 1

kirjallisuus 9
kirjasto 3
kirje 1
kirjemerkki 5
kirjoitin 9
kirjoittaa 5
kirkko 4
kirpputori 4
kissa 6
kiva 1
kivasti 6
kk = keittokomero 11
kk = kuukausi 11
klikata 11
klo = kello 11
klubi 8
km = kilometri 11
km2 = neliökilometri 14
ko/kö 1
koe 5
kohta 'paikka' 15
kohta 'pian' 4
kohtelias 10
koillinen 6
Koillis-Suomi 6
koira 5
koivunoksa 14
kokenut 13
kokko 11
koko (suuruus) 14
koko 7
kokonaan 11
kokous 5
kokoushuone 4
kolmas 7
kolmas III infinitiivi 7
kolmaskymmenes 7
kolmastoista 7
kolme 1
kolmekymmentä 1
kolmesataa 1
kolmetoista 1
konditionaali 10
kone 1
konkreettinen 4
konserttilippu 9
konsonantti 1
kopioida 15
kopiokone 1

koristaa 11
korjata 11
korkea 6
korkeakoulu 6
korkolaput 11
kortti 'luottokortti' 5
kortti = postikortti 11
korvakorut 6
korvata 15
koska 4
koskaan: ei koskaan 9
kosketin 9
kostea 12
koti 3
kotimatka 5
kotitehtävä 9
kotoa 3
kotoisin 3
kotona 2
koulu 4
koululainen 14
koulutus 7
koulutusyhteiskunta 7
Kouvola 8
kovalevy 9
kovin 4
kph = kylpyhuone 11
kpl = kappale 11
kreikkalainen 10
Kruununhaka 4
ks. = katso 11
kuinka 1
kuinka kauan 5
kuinka monta 1
kuisti 14
kuitenkaan 9
kuitenkin 10
kuivapesu 11
kuka 1
kukaan: ei kukaan 9
kukka 4
kukkia 4
kulkea 15
kulkuväline 3
kulkuyht. = kulkuyhteys 11
kulkuyhteys 11
kulma 4
kulta 4
kulttuuri 10

kulttuurialue 12
kulua 8
kulunut 13
kuluttua 5
kun 2
kunhan 13
kuningas 12
kunnes 4
kunnostaa 12
kunta 14
kunto: saada kuntoon 11
kuntosali 9
kuolla 8
kuollut 6
kuori 11
kuppi 4
kura 6
kurkku 6
kursori 11
kurssi 3
kurssilainen 7
kurssimaksu 7
kurssipaikka 7
Kustaa Vaasa 12
Kustaanmiekka 12
kuten 4
kutsu 3
kutsua 6
kutsut 12
kuu = kuukausi 6
kuu 12
kuudes 7
kuudeskymmenes 7
kuudestoista 7
kuukausi 4
kuukausimaksu 10
Kuule 7
kuulemiin 3
kuulemma 13
kuulla 2
kuulua 11
kuuluisa 13
kuuluu: Mitä kuuluu? 1
kuuma 4
kuume 6
kuunnella 7
kuusi 1
kuusikymmentä 1
kuusisataa 1

kuusitoista 1
kuusivuotias 9
kuva 11
kuvake 11
kyky 12
kyllä 1
kyllä vain 7
kyllästyä 9
kylmyys 13
kylmä 4
kylpyhuone 3
kylpylä 14
kylä 3
kymmenen 1
kymmenes 7
kynsi 8
kynttilä 11
kynä 1
kysellä 9
kysyminen 4
kysymys 1
kysymyslause 3
kysymyspronomini 4
kysymyspronominit 6
kysymyspääte 1
kysymyssanat 1
kysyä 1
kytkeä 15
kännykkä 3
kärsiä 13
käsi 4
käsiala 6
käsilaukku 10
käsitellä 10
käteinen 5
kätevästi 14
käveleminen 5
kävellä 2
kävelykengät 5
kävijä 14
käydä 2
käynnistysnappi 15
käynnistää 15
käyttäjätunnus 14
käyttää 5
käyttö 6
käyttöjärjestelmä 11
käyttötapa 15
käytävä 6

245

käännös 7
kääntyä 4
kääntäjä 3
kääntää 8
kössi 7
köyhyys 9
Kööpenhamina 3
l = litra 11
la = lauantai 11
laajakaistapalvelu 10
laatikko 4
lahja 11
laiha (kahvista) 4
laiha 7
laihduttaa 9
laihdutuskuuri 9
laihtua 7
laina 13
lainata 2
laita 14
laitos 7
laittaa 8
laituri 4
laiva 3
laivakoira 8
lakaista 11
lammaspaisti 11
lanttulaatikko 11
lappalaiset 14
Lappeenranta 9
lappi 14
Lappi 4
lappu 11
lapseton 11
lapsi 6
lasi 3
laskea 6
laskiainen 11
laskin 5
lasku 5
lastenkutsut 11
latina 13
lattia 3
latva 11
latvia 1
Latvia 3
latvialainen 1
lauantai 3
lauantaiaamu 7

laukku 9
laulaa 4
laulu 14
lause 3
lauseoppia 1
lautanen 14
lautanen 5
lautta 8
Lauttasaari 4
lehti (puussa) 6
lehti 2
leikata 11
leikkaus (kirurginen) 12
leikkaus (hiusten) 11
leikkiä 4
leipoa 11
leipä 5
lenkki 5
lentokenttä 8
lentokone 3
lentää 4
levitä 12
levoton 15
levätä 7
liettua 1
Liettua 3
liettualainen 1
liha 5
lihava 7
liian 7
liikaa 7
liike 'firma' 9
liikemiesryhmä 13
liikkua 14
Liisankatu 4
liittyä 8
liittää 8
lika 6
lingota 11
linna 11
Linnanmäki: huvipuisto 11
linnoitus 12
lintu 4
lipasto 4
lipeäkala 11
lippu 4
lippu 5
lippukassa 15
lippupiste 14

lisäksi 11
lisätä 11
lisää 7
L-juna 4
lohi 5
loka = kura ja lika 6
lokakuu 6
lokki 14
loma 4
lomake 13
lomakuukausi 6
lompakko 10
Lontoo 3
lopettaa 9
loppu 4
loppuunmyyty 15
lopuksi 8
lopulta 9
lotto 10
Lounais-Suomi 6
lounas (ateria) 4
lounas (ilmansuunta) 6
lounasaika 2
l-sija (lle, lla/llä, lta/ltä) 3
luettelo 7
luisteleminen 5
luistella 5
lujaa 11
lukea 4
lukeminen 5
luku 12
lukusanat 1
lumi 6
lumme 15
luoda 12
luode 6
luoja 13
luokse 10
luona 10
luonne 5
luonto 14
luontoaiheinen 5
luonto-ohjelma 14
Luosto 4
luota 10
Luoteis-Suomi 6
luotettava 11
lupa 4
lusikka 5

luulla 2
luultavasti 9
luvata 6
luvaton 11
lyhenne 11
lyhyt 6
lyödä 14
lyödä löylyä 14
lähelle 7
lähellä 7
läheltä 7
lähettää 5
lähettää 6
lähin 4
lähteä 4
lämmin 6
lämmittää 6
lämpö 15
länsi 6
Länsi-Suomi 6
läpi 15
lääkäri 3
löyly 14
löylyhuone 14
löytää 5
m = metri 11
m2 = neliömetri 11
ma = maanantai 11
maa 1
maailma 10
maailmansota 8
maalainen 14
maalaissauna 14
maalata 8
maaliskuu 6
maanantai 3
maanosat 3
maata 7
Madrid 3
maistaa 4
maistua 5
maito 4
maitorahka 11
makkara 5
maksaa 1
maksu 10
maksuautomaattipalvelut 10
maksullinen 10
maksuton 10

maku 10
makuuhuone 3
makuuvaunu 4
Maneesikatu 4
mansikka 14
mansikkahillo 4
mansikkamehu 4
manteli 11
marja 6
marjastaa 6
marjastaminen 5
marras 6
marraskuu 6
marssia 11
masentunut 13
materiaali 13
matka 4
matkalaukku 7
matkasuunnitelma 13
matkatoimisto 13
matkustaa 3
matto 3
maukas 10
mauton 10
me 1
mehu 11
mehu 4
Meilahti 11
meilailla 8
meilata 6
melkein 6
melko 4
melu 13
meluta 15
menettää 12
mennä 2
mennä kalaan 6
mennä marjaan 6
mennä sieneen 6
Mennään 4
meno 13
menossa 7
me-persoona 4
meri 3
merivesi 8
merkkikokoelma 5
meteli 9
metri 4
metsä 6

mielelläni 8
mielenkiintoinen 1
mielestäni 9
mieli 3
mieltä: Mitä mieltä... 4
mieluiten 10
mieluummin 10
mies 1
mieto 5
miettiä 5
mihin 2
Mihin aikaan? 2
miksi 7
mikä 1
mikäs siinä 7
Mikäs tässä. 2
miljardi 1
miljoona 1
miljöö 14
millainen 1
milloin 2
milloin vain 7
Millä? 3
ministeriö 12
minkämaalainen 1
minne 3
minuutti 6
minä 1
minä-persoona 2
missä 1
mistä 2
miten 1
mitä 1
Mitä ajattelet 4
Mitä kuuluu? 1
Mitä mieltä 4
Mitä saa olla? 4
mitään 2
mitään: ei se mitään 1
mm = millimetri 11
mm. = muun muassa 11
mme 7
modeemi 6
moi 1
monelta 5
monenlainen 14
moni 7
monikko 4
monta 1

moottoripyörä 3
moottorivene 10
Moskova 3
muistaa 5
muistaakseni 14
muistitikku 9
muistuttaa 15
Muita 3
mukaan 2
mukana 6
mukava 4
mukavasti 2
muna 5
muokata 15
muotoilla 15
muovi 3
muovikassi 4
muovimuki 14
murre 5
museo 1
musiikki 9
musta 4
mutta 1
muu 10
muualla 10
muusikko 4
muuta 1
muutama 8
muuten 8
muutenkin 9
muuttaa 4
muuttaminen 14
muuttolintu 6
myrkyllinen 15
mysli 11
myydä 2
Myyrmäki 11
myöhemmin 5
myöhässä 1
myöhästyä 5
myöhään 2
myös 1
mäki 4
mämmi 11
mäyräkoira 14
mökki 4
n. = noin 8
naamari 11
naapuri 2

nahkatavara 11
naimisiin 10
naimisissa 6
nainen 3
nappi 15
narsissi 11
nauraa 8
nauta 4
nauttia 11
ne 1
negatiivinen 2
neliö 9
neliökilometri 14
neljä 1
neljäkymmentä 1
neljäs 7
neljäsataa 1
neljäskymmenes 7
neljästoista 7
neljätoista 1
nesessiivilause 7
neste 15
neuvo 6
neuvoa 2
ni 7
niemi 3
nii-in 1
niin 2
niin no 11
nimi 3
nimipäivä 11
nne 7
no 1
No hei sitten 1
noin 2
noita 11
nolla 1
nominatiivi 1
nomini 3
nopea 2
nopeasti 2
norja 1
Norja 3
norjalainen 1
nostaa 10
nousta 2
ns. = niin sanottu 11
nsa/nsä 7
nuha 6

nukkua 4
nukkuminen 5
numero 1
nuolinäppäin 11
nuori 3
nuorin 6
nuoruus 9
nykyinen 12
nykyään 12
nyt 2
nyytti 15
nyyttikestit 15
nähdä 1
Nähdään. 1
näin 11
näkemiin 1
näkyä 6
näköala 10
näköinen 11
nälkä 6
näppäin 5
nätti 4
näyttely 8
näyttää (vaikuttaa) 9
näytös 7
objekti 2
odottaa 4
ohi 4
ohut 6
oikea 'aito' 8
oikea 4
oikeassa 2
oikeastaan 5
oikeasti 10
oikein 'hyvin, erittäin' 2
oikein 2
oikeistolainen 14
oikeus 14
Ole hyvä. 2
olen 1
Olkaa hyvä 2
olki 15
olla 1
olla tulossa 7
ollenkaan 1
olo 6
olohuone 3
olut 5
olympialaiset 12

oma 5
omainen 11
omena 4
omistusstruktuuri 6
ongelma 11
onkia 4
Onnea! 9
onneksi 13
Onneksi olkoon! 15
onnellinen 3
onnettomuus 9
onni 3
onnistua 9
onnistunut 13
ooppera 15
opas 6
opetella 10
opettaa 13
opettaja 2
opiskelija 3
opiskelija-asunto 4
opiskella 2
oppia 4
oppikirja 4
os. = osoite 11
osa 8
osata 2
Oslo 3
osoite 1
ostaa 4
ottaa 4
ottaa pois päältä 15
oululainen 11
ovi 6
paahdin 9
paha 4
pahvilaatikko 14
paikalla 7
paikka 2
painaa 11
paino 7
painokas 10
painos 13
paistaa (ruoasta) 8
paistaa (auringosta) 4
paistettu 8
paitsi: sitä paitsi 10
pajunkissa 11
pakastin 10

pakata 7
paketti 5
pakettikortti 5
pakkanen 6
pakko 7
palaa 12
palata 6
palauttaa 15
palje 15
paljon 1
palkinto 8
palkka 10
pallo 15
palo 12
paluu 13
palvelupaketti 10
pankki 4
pankkiautomaatti 4
pankkikortti 5
pankkitili 7
panna 2
panna päälle 15
pannu 4
paperi 4
paprika 15
paras 4
paremmin 7
parempi 9
pari 1
Pariisi 3
pariskunta 11
parta 4
partitiivi 1
parturi 11
pasha 11
pashataikina 11
passi 13
passiivi 11
pasta 7
patsas 4
pe = perjantai 11
pehmeä 3
peili 3
peitto 11
Peking 13
pelata 7
pelto 6
pensas 6
perfekti 9

perhe 6
perhejuhla 11
perjantai 3
persoonapronominit 1
persoonapäätteet 1
peruna 11
perunalaatikko 11
perunamuusi 8
perustaa 12
peruuttaa 13
peruutuspaikka 15
pestä 2
pesu 11
pesuaine 1
pesuhuone 14
pesukone 11
pesula 11
pesuohje 11
pesuohjelma 15
pesupulveri 5
pianisti 13
piano 4
pianomusiikki 11
pieni 1
Pietari 3
piha 3
piha-alue 14
pihvi 5
piimä 4
piirtää 15
pikkujoulu 11
pikkukaupunki 10
pikkutakki 11
pilli 11
pimeä 5
pinta 15
pinta-ala 14
piparkakku 11
pippuripihvi 5
pitkin 4
pitkä 5
pitkästä aikaa 1
pitkään 'kauan' 13
pitää 'täytyy' 7
pitää 4
pitää päällä 7
pitää salassa 15
pluskvamperfekti 9
pohjoinen 6

pohjoiskalotti 14
pohjoisnapa 14
Pohjois-Suomi 6
poikaystävä 8
poikkikatu 10
pois 3
poissa 7
poistaa 15
poljin 15
polkupyörä 3
polttaa 11
polttaa (tupakoida) 9
pommittaa 12
Pori 14
porkkana 14
porkkanalaatikko 11
pormestari 11
Porvoo 3
positiivinen 3
possessiivisuffiksit 7
posti 1
postikortti 11
postimerkki 5
predikaatti 3
preesens 1
presidentti 11
prosessi 5
prässätä 11
prässäys 11
pudota 14
puh./p. = puhelinnumero 11
puhdas 15
puhe (juhlapuhe) 11
puhe (puhuminen) 3
puhelias 14
puhelin 1
puhelinnumero 7
puhelinvastaaja 15
puhelu 6
puhua 1
puisto 4
puistotie 4
pukea 4
pulla 11
pullo 4
punainen 3
punaviini 5
Puola 3
puolestani 13

puoli (kellosta) 2
puoli 6
puolue 14
puolukka 14
puristaa 11
purjehtia 8
purjevene 8
purkki 4
purra 2
pusero 6
pussi 3
puu 6
puulämmitteinen 14
puuton 10
puuttua 13
puuvilla 11
pyhäinpäivä 11
pystyä 9
pysäkki 15
pyyhin 9
pyykinpesukone 10
pyykki 7
pyyntö 10
pyytää 6
pyöreä 11
päivystää 6
päivä 2
päivällinen 7
päiväys 7
päivää 1
pää 1
pääaine 6
pääkaupunki 3
päälle 5
päälle: panna päälle 15
päällä 9
päällä: pitää päällä 7
päältä 9
päältä: ottaa pois päältä 15
päänsärky 6
pääoma 13
päärakennus 6
päärynä 14
pääsiäinen 11
päästä 2
pääte 1
päättyä 2
päättää 7
päätös 7

pöytä 1
raastaa 11
radio 1
raha 4
rahka 11
raide 4
raita 11
raitiovaunu 3
rakas 6
rakastaa 5
rakastaminen 14
rakennus 5
rakennustyö 12
rakentaa 11
rannikkosatama 14
ranska 1
Ranska 3
ranskalainen 1
ranta 4
rappu 4
rappukäytävä 3
rapujuhla 11
raskas 8
ratkaista 11
rauha 8
rauhallinen 11
rauhallisesti 15
Rauhankatu 3
rautatieasema 1
ravintola 3
ravintolasali 7
ravintolavaunu 7
reikä 15
reiällinen 11
rekisteröityä 14
relatiivipronomini 6
remontoida 13
remontti 11
rennosti 8
rentoutua 6
resepti 6
retki 8
reuna 11
revyy 14
Reykjavik 3
Riika 3
riisi 11
riisipuuro 11
riittää 5

rikas 6
Rikhardinkatu 3
rikkaus 9
rikki 6
rikkoa 4
rikos 7
ristiretki 8
ristiäiset 12
rkl = ruokalusikallinen 11
rokki 4
romaani 6
Rooma 3
roska 5
rosolli 11
rouva 4
Rovaniemi 4
ruma 2
ruoka 4
ruokahalu 9
ruokailu 13
ruokalista 5
ruotsalainen 1
ruotsi 1
Ruotsi 3
ruotsinkielinen 14
rusina 15
ruska 6
ruskea 14
ruumis 6
ruusu 8
ruveta 9
ryhmä 13
rypsi 11
ryöpätä 15
s = suihku 11
saada 2
saada kuntoon 11
Saako olla muuta? 5
saame 14
saamelaiset 14
saapua 4
saari 3
saaristo 10
sadas 7
sade 5
sairaanhoitaja 3
sairas 4
sairasloma 6
sairastua 13

saksa 1
Saksa 3
saksalainen 1
sakset 14
sala: pitää salassa 15
salaatti 4
salasana 14
sama 5
samalla 5
sammuttaa 15
samoin: Kiitos samoin. 1
sampoo 5
samppanja 10
sana 1
sanajärjestys 3
sanakirja 1
sanasto 13
sanatyypit 3
sanoa 1
sata 1
sataa 2
sataa lunta 6
sataa vettä 6
Sata-Häme 14
satama 1
sattua 9
satu 4
sauna 4
saunailta 12
saunoa 7
scifi 4
se 1
seinä 3
seisoa 4
seitsemän 1
seitsemänkymmentä 1
seitsemänsataa 1
seitsemäntoista 1
seitsemäs 7
seitsemäskymmenes 7
seitsemästoista 7
sekoittaa 11
sekoittua 8
seksi 14
selkä 6
sellainen 9
selvitä 12
selviytyä 13
selvä 13

Senaatintori 4
sentti = senttimetri 6
sentti 1
seuraava 4
seurallinen 14
seurustella 9
si 7
siellä 2
sienestäminen 5
sienestää 6
sieni 6
sihteeri 1
siinä 4
siirappi 15
siirtyä 15
siirtää 11
siis 4
siisti 11
siistiä 11
siivilä 15
siivota 2
sija 1
sijata 5
sika-nauta 4
siksi 7
silkki 14
silloin 5
silloin tällöin 5
sillä aikaa 14
silmä 6
silmälasit 6
silta 4
sima 11
sinappi 5
sininen 3
sinulle: Entä sinulle? 1
sinä 1
sinä-persoona 4
Sipoo 3
sisälle 15
sisällä (ajasta) 9
sisällä 15
sisältä 15
sisään 14
sitruuna 11
sitten 'siinä tapauksessa' 1
sitten 2
sitä paitsi 10
siviili 12

sivistynyt 13
sivistys 13
sivistyskieli 13
sivu 14
slaavilainen 8
soida 2
soihtukulkue 11
Soitellaan. 3
soitin 9
soittaa 4
sokeri 1
sopia 4
sopiva 9
sormi 3
sorsa 14
sota 8
sotkea 15
s-sija (Vn, hVn, seen, ssa/ssä, sta/stä) 3
su = sunnuntai 11
subjekti 3
substantiivi 5
suhde 10
suihku 2
suihkussa: suihku 2
sujua 9
sukaatti 11
suklaa 5
suklaamuna 11
sukukieli 14
sukulainen 11
sukunimi 9
sulaa 6
suljin 15
sulkea 15
sunnuntai 3
suo 14
suola 4
suolainen 10
suolaton 10
suomalainen 1
suomalais-englantilainen 6
suomalais-espanjalainen 6
suomalais-ugrilainen 14
suomenkielinen 8
Suomenlahti 8
Suomenlinna 12
suomennos 7
suomi 1

Suomi 3
suoraan 3
suorittaa 9
surra 2
susi 4
suu 1
suudella 7
suukko 6
suunnitella 12
suunnittelija 9
suunnittelu 13
suuntanumero 7
suuri 3
suurin 12
suurkaupunki 10
suurlähetystö 12
Suurtori 6
suutari 3
Sveitsi 3
sydämensiirto 12
sydäntalvi 6
syksy 4
syntymäpäivä 9
syntymäpäivät 12
syntyä 8
sytyttää 11
syys 6
syyskuu 6
syödä 2
syöttää 15
syötävää 5
sähköliesi 10
sähköposti 6
sähköpostiosoite 6
sähkösauna 14
säilytys 7
säilöä 8
sänky 3
särkeä (rikkoa) 15
särkeä (kivusta) 6
sävy 11
sävytys 11
sää 4
säästää 2
taas 1
tahansa 7
tahtoa 4
tai 4
taide 5

taikina 11
taistelu 14
taitaa 5
taivutus 1
taivutusvartalo 2
takaisin 6
takana 6
takki 10
taksi 3
taksiasema 4
takuuv. = takuuvuokra 11
takuuvuokra 11
tallentaa 9
talletustili 10
Tallinna 3
talo 1
taloudellinen 12
talvi 3
talvisota 8
tammikuu 6
Tampere 3
tanska 1
Tanska 3
tanskalainen 1
tanssia 8
tapa 4
tapaaminen 7
tapahtua 7
tapahtuma 14
tarjoilija 3
tarjota 11
tarkka 7
tarkoittaa 2
tarpeeksi 14
tarvita 2
tarvitse: ei tarvitse 7
tasan 4
tasavalta 14
tasoittaa 11
tasokas 11
taulu 3
tavallinen 5
tavallisesti 3
tavara 13
tavaratalo 1
tavata 5
tavattavissa 7
tavoitella 15
tavoittaa 13

te 1
teatteri 3
Teatterikuja 4
tee 1
teema 14
tehdas 6
tehdä 3
teille: Entä sinulle? 1
teknillinen 6
tekstari = tekstiviesti 6
tekstata 8
teksti 5
tekstinkäsittelykurssi 3
tekstipätkä 11
tekstiviesti 3
telakka 12
televisio 1
teline 5
tennis 7
teos 7
te-persoona 4
terassi 6
terminologia 13
tervehdys 1
terveiset 7
tervetuloa 1
terveys 6
terveyskeskus 6
ti = tiistai 11
tie 1
tiede 5
tiedosto 9
tiedotus 15
tiedustella 7
tiedustelu 2
tienoo 14
tietenkään
tieto 14
tietokone 1
tietokoneongelma 11
tietoliikenneverkko 14
tietysti 1
tietää 4
tiistai 3
tiivis 6
tiiviste 7
Tikkurila 3
tila 5
tilanne 15

tilata 8
tilava 9
tili 10
tiliavain 14
tiliote 10
tina 11
tinkiä 4
tippaleipä 11
tipu 11
tiskata 15
tiski 10
tiski 5
tiskit 15
tl = teelusikallinen 11
tlk = tölkki 11
tms. = tai muuta sellaista 11
to = torstai 11
todella 13
todellakin 6
todistus 6
tohtori 6
toimia 9
toimisto 7
toimittaja 3
toinen 4
toissapäivänä 3
toistaiseksi 15
toivoa 9
toivottaa 11
toivottavasti 1
toivotus 1
Tokio 13
tomaatti 5
tori 1
torstai 3
tosi = todella 3
tosi 4
Tottai kai 2
tottunut 13
touko = peltotyöt 6
toukokuu 6
tuhat 1
tuhlata 10
Tukholma 3
tukka 4
Tuleeko muuta? 4
tulevaisuus 9
tulkki 3
tulla 2

tullattava 15
tulli 15
tulo 7
tulos 5
tulosobjekti 5
tulossa: olla tulossa 7
tulostaa 15
tulostin 1
tumma 6
tungos 7
tunnus 14
tunnusluku 10
tuntea 4
tunti 6
tuntua 9
tuo 1
tuoda 4
tuoksua 11
tuoli 1
tuolla 1
tuollainen 5
Tuomiokirkko 6
tuoppi 5
tuore 3
tupaantuliaiset 13
tupakka 9
tupakoida 4
turisti 14
turkki 6
Turku 4
tutkia 13
tutkinto 9
tuttava 11
tuttu 9
tutustua 1
tuuletin 9
tuulinen 3
tuulla 2
tyhjä 14
tylsä 14
tyttö 1
tytär 6
tyyni 3
tyypillinen 12
tyyppi 2
tyytyväinen 7
työ 1
työläinen 11
työnantaja 13

työntekijä 9
työntää 15
työpaikka 4
työpäivä 2
työpöytä 3
työssä: työ 1
työssäk. = työssäkäyvä 11
työssäkäyvä 11
työtoveri 11
työvire 10
työvoima 12
tällöin: silloin tällöin 5
tämä 1
tänne 6
tänään 2
tärkein 12
tärkeä 8
tässä 2
tässä 5
tässä: Mikäs tässä. 2
täysi 4
täyttää 5
täytyy 7
täällä 1
tölkki 4
töpseli 9
uida 4
uima-allas 7
uimahalli 7
uiminen 5
ulkoa 'ulkomuistista' 10
ulkoa 2
ulkoilla 8
ulkoilu 5
ulkomaalainen 3
ulkona 2
ulkopuolella 9
ulkopuolelle 9
ulkopuolelta 9
ulos 2
uneton 10
unettomuus 13
uni 3
unilääke 6
unioni 8
Unkari 3
unohtaa 6
urheiluhalli 7
usein 5

uskaltaa 4
uskoa 10
uudelleen 6
uudenvuodenaatto 11
uudenvuodenpäivä 6
uusi 4
uutinen 5
uutiset 5
v, v. = vuosi, vuonna 11
vaahto 11
vaalea 6
vaan 5
vaate 5
vadelmahillo 4
vahva 4
vai 2
vaihde 11
vaihtaa 7
vaihtaa 8
vaihtua 11
vaikea 11
vaikka 'esimerkiksi' 7
vaikka 8
vaikkapa 8
vaikuttaa (aikaansaada) 8
vaikuttaa (näyttää) 9
vaikutus 8
vaille 2
vaimo 6
vain 'tahansa' 7
vain 2
vain niin 5
vajaa 13
valaa 11
valaisin 5
valintamyymälä 15
valita 7
valitettavasti 6
valittaa 10
valkoinen 3
valkoviini 5
valmis 6
valmistaa 11
valmistaminen 5
valmistua 12
valo 10
valoisa 9
valokuva 6
valokuvakokoelma 8

valokuvata 14
valomerkki 8
valoton 10
valta 14
valtiollinen 12
valtioneuvosto 6
valtiopäivät 12
valua 14
valuutanvaihtopiste 13
valuutta 13
valvoa 11
vanha 1
vanhin 6
vanhuus 9
vaniljasokeri 11
vanki 12
Vantaa 3
Vantaanjoki 12
vap. = vapaa 11
vapaa 11
vapaa 2
vappu 11
vappusima 15
varaa 10
varaosa 13
varasto 14
varata 6
varattu 2
varattuna 7
varma 5
varmaan 6
varmaankin 8
varmasti 5
varoa 15
varsi 8
varsinainen 12
varsinkin 4
Varsova 3
vartalo 1
vartalovokaali 2
varten 6
vartioida 15
vasemmistolainen 14
vasen 4
vasta (ajasta) 5
vasta (koivuvasta) 14
vastaan 8
vastaanotto 7
vastapäätä 15

vastassa 8
vastata 2
vastaus 1
vastoa 14
vastustaa 10
vatkata 11
vatsa 6
vauhdikkaasti 11
veljekset (veljes) 13
veljes: veljekset 8
velka 4
vene 8
veneillä 6
venäjä 1
Venäjä 3
venäläinen 1
verbaalisubstantiivi 5
verbi 1
verbityypit 2
verkko 6
verkkopankki 14
verrata 8
vesi 4
vesihana 7
vesipesu 11
vetää 11
viallinen 10
viallisuus 13
videofilmi 4
viedä 5
vielä 1
Wien 3
vieras 4
vieressä 6
viesti 3
viettää 8
vihannes 13
viheltää 4
vihreä 5
viides 7
viideskymmenes 7
viidestoista 7
viihtyä 4
viikko 6
viikonloppu 3
viikonloppumatka 13
viikonpäivät 3
viimeinen 4
viimeisestä: Kiitos viimeisestä 3

viini 4
viipale 15
viisi 1
viisikymmentä 1
viisisataa 1
viisitoista 1
viisumi 13
viisumianomus 13
viisumianomuslomake 13
viitsiä 11
vika 9
viljasato 6
villieläin 14
Vilna 3
vilustunut 6
vintti 11
virallinen 7
virallisesti 13
virhe 1
virkailija 7
virkistysalue 12
viro 1
Viro 3
virolainen 1
Vironkatu 4
Vironniemi 12
virta 6
viuhka 11
viulukonsertti 11
viulumusiikki 11
voi 4
voida (terveydestä) 6
voida 2
voileipä 5
voimala 14
voimistella 7
voittaa 8
vokaali 1
vokaaliharmonia 1
vp.= vuokrapyyntö 11
Vrt. = Vertaa! 1
vuode 13
vuodenaika 4
vuodenjatko 11
vuokra 11
vuokra-as. = vuokra-asunto 11
vuokra-asunto 11
vuokrapyyntö 11
vuokrata

vuorokaudenaika 2
vuorokausi 6
vuosi 4
vuotaa 7
vyö 14
väestö 8
vähemmistö 14
vähitellen 8
vähän 1
väitelause 3
väkiluku 14
välillä 10
väline 3
välittää 14
väri 6
värillinen 10
värittömyys 13
väritön 10
värjätä 11
väsynyt 5
väärin 2
väärässä 2
ydin 9
yhdeksän 1
yhdeksänkymmentä 1
yhdeksänsataa 1
yhdeksäntoista 1
yhdeksäs 7
yhdeksäskymmenes 7
yhdeksästoista 7
yhdessä 4
yhdessä 5
yhdestoista 7
yhteen 9
yhteensä 5
yhteinen 9
yhteys 13
yhtä 14
yhtään 7
yksi 1
yksikkö 5
yksin 8
yksitoista 1
yksityisyrittäjä 6
yleensä 11
yleiskieli 13
yleislääkäri 6
yleistävä 4
yli (esim. kadun) 15

yli (kelloajasta) 2
ylihuomenna 3
yliopisto 4
ylioppilas 11
ylioppilaskoe 9
ylpeä 14
ylähylly 5
yläsänky 4
ym. = ynnä muuta 8
ymmärtää 4

ympäri 10
ympärillä 6
ympäristö 8
yrittää 6
Yrjönkatu 7
yskä 6
ystävä 6
ystävällinen 6
ystävällisyys 9
yö 1

yöpyä 4
yöpöytä 3
äiti 4
äitienpäivä 11
älykäs 14
äänettömällä (äänetön) 7
ääni 3
ääni 7
öljy 11